ROTE NASEN Clowndoctors International

Kleine Wunder

Inhalt

Kleine Wunder aus Litauen

Kleine Wunder aus Neuseeland

Kleine Wunder aus Polen

Kleine Wunder aus Palästina

Vorwort

Seit vielen Jahren bin ich schon leidenschaftlicher Botschafter von ROTE NASEN. Als Clown »Dr. Rollo« begleite ich sie so oft ich kann bei ihren humorvollen Visiten im Krankenhaus, und dabei erlebe ich immer wieder, was für großartige Arbeit sie leisten.

ROTE NASEN Clowns können Tränen in ein Lächeln verwandeln. Sie bringen Glück und Farbe ins Krankenzimmer. Mit der Strahlkraft eines Regenbogens nehmen sie kranke Menschen mit in eine Welt voller Farben, Bewegung, Licht und Freiheit. Und ihre Poesie bleibt zurück, auch wenn sie schon längst gegangen sind.

Ich finde es wichtig zu betonen, dass ROTE NASEN nicht nur Entertainment sind – ihre psychosoziale Unterstützung für Menschen in schweren Situationen *ist von großer Bedeutung! Dank der Clowndoctors ist es möglich, trotz Krankheit und Sorge einen Funken Glück und Freude zu empfinden. Und jeder – egal ob jung oder alt – muss wissen: Gerade in schwierigen Situationen können und dürfen wir lachen. Lachen ist ein Teil von uns!*

Ich habe ROTE NASEN selbst schon oft erlebt und deshalb weiß ich, wie viel sie bewirken. Berührende Momente, wie sie in diesem Buch beschrieben sind, sind mir sehr vertraut.

Es erfüllt mich mit Stolz, einer von ihnen sein zu dürfen.

Rolando Villazón

Startenor, Regisseur, Autor
Humorbotschafter von ROTE NASEN Clowndoctors International

Über die Philosophie von
ROTE NASEN Clowndoctors

Schon Sigmund Freud sagte: »Wer nicht mehr lachen kann, ist nicht mehr lebensfähig.« Dieser Satz unterstreicht in unseren Augen, dass Lachen ein zutiefst menschliches Bedürfnis ist.

Welche Kraft Humor hat, sehen wir nicht nur in unserer tagtäglichen Arbeit im Spital, sondern bestätigen uns auch ÄrztInnen und Pflegepersonal. Gerade in schwierigen Lebenslagen, wie zum Beispiel bei einem Krankenhausaufenthalt, werden Fröhlichkeit und Lachen als Tabu empfunden. Dabei sollte man sich Lachen zutrauen, es wirkt im Moment erleichternd und befreiend und hat eine immense Auswirkung auf die Lebenseinstellung.

Wir stellen hohe künstlerische, aber auch empathische Ansprüche an unsere Clowndoctors. Sie müssen viel lernen und trainieren, damit sie PatientInnen in jedem Alter und jeder Lebenslage mit Fingerspitzengefühl und Respekt optimal begegnen und sie in eine fröhliche, bunte und magische Welt entführen können.

Die Erlebnisse der Clowns sind so unterschiedlich wie das Leben selbst: von heiter und fröhlich bis rührend und ergreifend. Das zeigen die beeindruckenden Geschichten in diesem Buch. Sie alle beruhen auf wahren Begebenheiten.

Viel Spaß beim Lesen!

Monica Culen und Giora Seeliger
Gründer von ROTE NASEN Clowndoctors

Zu diesem Buch

Wir assoziieren Krankenhäuser nicht wirklich mit Lachen und Fröhlichkeit, sodass jedes Lächeln oder Lachen eines Patienten in sich selbst eigentlich ein kleines Wunder ist.

Würden wir, ROTE NASEN Clowndoctors, all jene kleinen Wunder, die wir seit unserer Gründung 1994 erlebt haben, in ein einziges Buch fassen, hätte dieses eine gigantische Dimension, ja, es wäre durchaus ein Buch mit richtigen Clownproportionen :o). So haben wir für Sie eine Handvoll Erfahrungen ausgewählt, um sie hier mit Ihnen zu teilen.

ROTE NASEN Clowndoctors sind heute in zehn Ländern (bis 2014 in elf, inklusive Neuseeland) aktiv, sodass wir in diesem Buch Geschichten aus all diesen

Ländern versammelt haben. Alle Autoren sind Clowns, die regelmäßig Patienten auf Kinderstationen und in geriatrischen Einrichtungen besuchen. Es ist auch eine Geschichte aus einem Traumazentrum für Erwachsene dabei, denn unser Wunsch ist es, Ihnen einen Einblick in die Vielseitigkeit unserer Arbeit zu geben.

Bei der Zusammenstellung der Geschichten habe ich viel geweint und viel gelacht, und ich wurde immer wieder daran erinnert, was für eine wunderbare Gruppe von Menschen ROTE NASEN Clowndoctors ist und was für einen wichtigen Auftrag wir haben.

Alle Erzählungen in diesem Buch sind wahre Geschichten und Begebenheiten, die sich im Laufe unserer Arbeit ereigneten. Wir teilen diese Erfahrungen oft mit unseren Kollegen oder notieren sie in unseren internen Berichten, die wir nach jeder Visite schreiben. Jetzt freuen wir uns, sie mit Ihnen teilen zu dürfen.

Gary Edwards
Initiator des Buches Kleine Wunder *und*
ROTE NASEN *Clowndoctor*

Kleine Wunder aus Österreich

Eine kurze Weile Leichtigkeit

Christian Sommer

Es ist ein Freitagvormittag und wir besuchen die Wartebereiche mehrerer Ambulanzen eines großen Wiener Krankenhauses. An manchen Tagen werden wir gebeten, auch auf der Intensivstation Kinder zu besuchen. So auch heute. Wir, das sind an diesem Morgen meine Clownkollegin Lotte und ich, Bernhart.

Intensivabteilung bedeutet für mich kühle Atmosphäre, strenges Schweigen, Betriebsamkeit und viel Anspannung. Durch die oft dramatischen Schicksale der kleinen und großen Patienten fühlt man eine bleierne Schwere, die die Station umhüllt. Vielleicht nehme aber auch nur ich das so wahr.

Wir atmen einmal tief durch, bevor wir die Intensivstation betreten. Die Tür zum ersten Zimmer schnurrt automatisch und damit brutal aufdringlich auf. Uns empfangen viele erwartungsfrohe und zwei sehr verängstigte Augen. Wir hören ein leises Wimmern, das zu den verängstigten Augen gehört. Dazu ein kleiner, ziemlich dünner, auf jeden Fall kraftloser Körper.

Wir stehen in der Tür und versuchen unser leisestes »Hallo«. Lotte: Hallo. Ich: Hallo. Wir bemerken, es ist ein Hallo zu viel. Lotte schreitet deshalb zurück aus dem Raum und ich bleibe. Jetzt ist es gut. Nun – sagen wir: Es ist ruhig. Gut ist anders. Vor allem, wenn ich hier ohne meine Partnerin stehe. Wir beginnen ein kleines Spiel: Lotte kommt wieder – sie geht wieder, ich hole sie zurück – sie verschwindet wieder hinter der Schiebetür. Das Spiel bestätigt uns noch einmal, dass der kleine Mann heute nur die Wirkung von einem von uns verträgt. Und das bin ich.

Ich weiß nicht, wer in dem Moment zaghafter ist. Der kleine Mann, weil jedes »Zuviel« und »Zulaut« ihn erdrücken würde – oder ich, weil ich den vorsichtig gewebten Faden von Neugier und Akzeptanz um keinen Preis zerreißen möchte. Dann wage ich mit mehr Mut eine Annäherung. Ein paar gezupfte Töne auf der Ukulele. Ein Lied. Und große Augen. Und ein Lächeln. Momente großer Nähe zwischen Mama, Bruder und Kind. Ich bin im Hintergrund und das ist gut so:

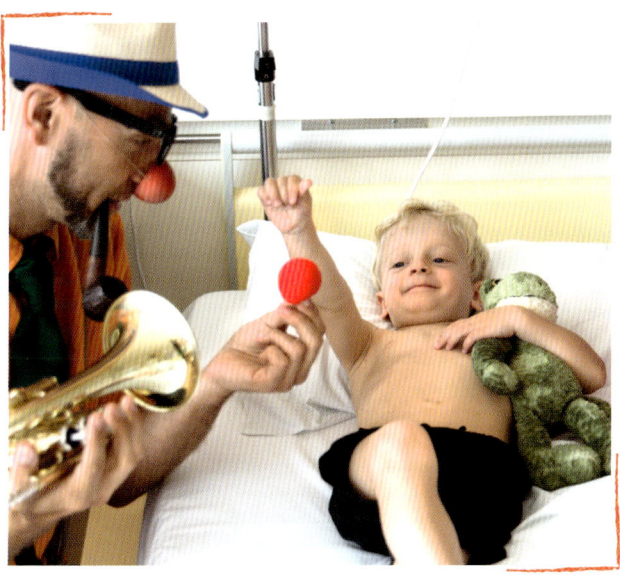

Die letzten Töne des Liedes verklingen und ich weiß nun, dass ich mich für eine Verabschiedung nähern kann. Es ist noch eine rote Nase da. Aber wir brauchen noch eine zweite – für den älteren Bruder, der mir sicher mit einem Zauberspruch helfen kann. Kann er nicht. Oh.

Da ertönt aus dem zittrigen Körper, zu dem nun glänzende Augen gehören, ein inbrünstig hinausgeflüstertes SIMAAALAAAASI. Ein großes Staunen beim Erblicken seiner hervorgezauberten zweiten Schaumstoffnase. Ein großes Staunen bei uns allen anderen. Und dann gibt er mir noch ein kaum spürbares »High Five« und wirbelt mich so durch die Luft. Und lacht. Viel.

Ich verlasse das Zimmer und suche Lotte auf der Station. Sie ist weg. Ich komme wieder an dem Zimmer des Buben vorbei und sehe sie bei der offenen Tür stehen. Alle reden und kichern. Und ich spüre eine erfrischende Leichtigkeit aus dem Zimmer strömen. Für eine Weile bleibt sie bestimmt.

Kleiner großer Erfolg

Jutta Pichler

Zwei Clowns klopfen an die Tür zur logopädischen Abteilung auf der HNO-Station. Dort sind wir oft sehr willkommen.

Heute ist ein circa 45-jähriger Mann im Zimmer, der nach einen Unfall mit schwerem Schädel-Hirn-Trauma mutistisch ist. Das heißt, dass er nicht sprechen kann und seine Kommunikation sehr eingeschränkt ist. Blinzeln oder Kopfwenden sind vorerst die einzigen Kontaktmöglichkeiten mit der Außenwelt.

Die Logopädin und ein Physiotherapeut arbeiten gemeinsam mit ihm vor einem Spiegel. Auf ihre Aufforderung hin betreten wir ruhig, mit langsamen Bewegungen und einem deutlichen »Guten Tag« den Raum. Ganz zart und leise begrüßen wir uns gegenseitig.

Bei dem Übergabegespräch mit dem Pflege-personal haben wir erfahren, dass dieser Patient bei Forstarbeiten im Wald einen Unfall hatte. Spontan fällt mir das Lied »Ein Männlein steht im Walde« ein. Mit Gitarrenbegleitung singen wir zwei-stimmig und sind ganz dem Patienten zugewandt. Sogar beim Aufschreiben dieser Erlebnisse kommen mir die Tränen, denn ganz langsam wendet er sich mit seinem Blick an uns und scheint ganz bei der

Sache zu sein. Die Logopädin gibt uns und ihrem Kollegen zu verstehen, wie besonders diese Reaktion ist, und wir sind mittendrin in diesem kleinen Wunder.

Später erklärt uns die Logopädin, was das Besondere an dieser Begegnung für sie war: Noch nie zuvor hat der Patient so offensichtlich reagiert. Seit Langem schon üben sie gemeinsam, wieder schlucken zu lernen. Das ist ein sehr schwieriger Prozess und unser Lied hat dieses Schlucken ganz entspannt hervorgezaubert.

Wir sind zutiefst berührt und freuen uns, diesen Moment erlebt zu haben.

Rückkehr zu Max

Martina Haslhofer

Ich hatte noch nicht lange als Clown für ROTE NASEN gearbeitet, als ich den kleinen Max zum ersten Mal besuchte. Es war ein tragischer Autounfall gewesen, der den Fünfjährigen auf die Intensivstation gebracht hatte. Er hatte sich von der Hand seiner Mutter losgerissen und war auf die Straße gelaufen. Ein vorbeifahrendes Auto konnte nicht mehr rechtzeitig bremsen. In diesen wenigen Augenblicken sollte sich das ganze Leben des fröhlichen Jungen ändern.

Max hatte gerade eben überlebt, er erlitt schwerste Verletzungen und musste dauerhaft an ein Beatmungsgerät angeschlossen sein. So wurde die Intensivstation zu einer Art zweitem Zuhause für ihn und seine Familie, die ständig zwischen dem Krankenhaus und ihrem Wohnort in einem anderen Bundesland hin und her pendelte.

Ich durfte diesen besonderen kleinen Buben zweimal pro Woche treffen. Er konnte kaum sprechen, aber freute sich auf die regelmäßigen Besuche meiner Kollegen und mir. Der kleine Max begann mehr und mehr, mit uns Clowns seinen Spaß zu haben. Seine Reaktionen auf unsere komischen Darbietungen überstiegen unsere Erwartungen bei Weitem. Besonders großen Spaß machte es ihm, wenn er uns

Angst einjagen konnte, und das war ein Kinderspiel, denn Clowns können ganz große Angsthasen sein.

Max wünschte sich immer häufiger, dass wir länger bei ihm blieben, also dehnten wir unsere Besuche aus und verbrachten mehr Zeit an seinem Bett. Aber irgendwann kam er immer: der Moment, an dem wir uns verabschieden mussten. Für Max war es nicht genug, zu versprechen, dass wir wiederkommen würden. Das Abschiednehmen wurde von Besuch zu Besuch schwieriger. Max wurde dabei oft richtig wütend.

Als er schließlich eine Sprechkanüle bekam, fiel es ihm leichter, sich zu artikulieren. Eines Tages sagte er uns zum Abschied ernst: »Wenn ihr jetzt geht, dann braucht ihr nie wieder zu kommen.« In diesen Worten kamen all die aufgestauten Gefühle des kleinen Jungen zum Ausdruck: die Wut, die Hilflosigkeit, dem Schicksal ausgeliefert zu sein. Wir konnten Max sehr gut verstehen, aber wir konnten nicht für immer bleiben. Wir mussten ihn verlassen und wussten nicht, ob wir ihn wiedersehen würden.

Die Situation ging mir sehr nahe und belastete mich stark. Es war ein verwirrendes Durcheinander der Gefühle, mit dem ich konfrontiert war. Ich war total erschöpft und kämpfte damit, wie schwer es mir fiel, Max zu verlassen. Für einen Spitalsclown ist es aber ein wichtiger Lernprozess, gerade solche Gefühle zu akzeptieren und zu verarbeiten.

Bei unserem nächsten Besuch wollte uns Max doch wieder sehen, aber er war immer noch sehr verärgert. Wir konnten ihn etwas besänftigen, aber als wir erneut »Auf Wiedersehen« sagten, wollte er nicht akzeptieren, dass wir gehen mussten. So rangen wir einige Wochen lang miteinander und erlebten zusammen alle emotionalen Höhen und Tiefen.

Dann gab es einen Lichtblick! Max war endlich stabil genug, um das Krankenhaus zu verlassen. Seine Mutter hatte eine intensive Schulung absolviert und konnte sich nun zu Hause um ihn kümmern. Max und seine Familie konnten ihr Leben außerhalb der Intensivstation fortsetzen.

In der nächsten Zeit dachte ich viel an Max und erkundigte mich, wenn ich in dem Krankenhaus war, in dem er so viel Zeit verbracht hatte, wie es ihm ging. Alle Neuigkeiten, die ich über ihn hörte, waren gut. Zu Hause war alles in Ordnung, er konnte nun sein wie jedes andere Kind in seinem Alter …

Bis sich eines Tages alles veränderte. Max starb. Die Nachricht löste Chaos in mir aus. Es schien absurd. Er hatte so lange ums Überleben gekämpft und den Kampf scheinbar gewonnen. Und dann, als endlich alles in Ordnung schien, wandte sich das Schicksal und alles war zu Ende. Ich weinte sehr um ihn, bestimmt auch, weil wir so viel miteinander durchgemacht hatten.

Sein Grab befindet sich auf meinem Weg vom Bahnhof zum Krankenhaus, und wenn ich für einen Clownbesuch dort bin, gehe ich immer wieder auf den Friedhof und besuche ihn. Er ist immer noch der fünfjährige Max, der sagte: »Wenn ihr jetzt geht, braucht ihr nicht wiederzukommen.« Aber wir beide wissen, dass ich wiederkommen werde!

Musik verbindet

Christina Matuella

Es ist eines der letzten Zimmer an diesem Dienstagnachmittag. Wir besuchen eine Familie aus dem Kongo in einem Krankenhaus in Innsbruck. Ihr 15-jähriger Sohn Hasan hat eine schwere Kopfverletzung erlitten, niemand spricht Deutsch. Wir sollen es halt probieren, meinte ein Pfleger zuvor beim Übergabegespräch.

Als wir die Schiebetüren zum Zimmer öffnen, sind wir mehr als überrascht. Wie in einem kleinen Boot sitzen die Eltern und vier Brüder des Patienten eng zusammengedrängt in einem Bett. Hasan liegt verkabelt und fest zugedeckt im anderen. Eine große Familie starrt uns skeptisch an. Wahrscheinlich haben die sieben noch nie in ihrem Leben einen Clown gesehen. Geschweige denn zwei Clowndoctors.

Clownin Herta und ich schauen uns an – schauen in die Gesichter der anwesenden Personen – schauen uns wieder an. So geht das eine ganze Weile. Sehen – verstehen – reagieren. Ein altes und bewährtes Clowngesetz.

Und dann geben wir Gas. Wir wollen der Familie ein Lied schenken, ein afrikanisches Lied. Wir legen los und bemühen uns redlich. Und scheitern. Keine Reaktion. Also probieren wir ein anderes Lied. Unser Einsatz zeigt eine erste Wirkung. Die Kinder reagieren.

Es kommt Leben in die anfangs erstarrten Körper. Die Eltern lächeln. Also noch ein Lied. Eines haben wir noch.

Es ist ein kleines Wunder, welcher Verlass auf das Körpergedächtnis ist. Vor Jahren haben wir uns in einer Clownfortbildung mit afrikanischen Liedern beschäftigt. Jetzt ist es Zeit, sie wieder auszupacken. Beim dritten Lied beginnen die Familienmitglieder, ein wenig mitzuklatschen. Der Bann ist gebrochen.

Wir stellen uns vor, begrüßen alle und fragen nach den Namen. Der Vater stellt uns seine Söhne vor, fünf Buben. Sein Stolz ist unüberhörbar. Die Namen sind für unsere Ohren schwierig. Herta bringt alles durcheinander. Ich versuche alles richtig zu machen und die Jungs persönlich zu begrüßen. Farad, Haluk, Cem, Mohamed. Wer ist wer?

Es wird ein Chaos. Ein schönes Chaos. Die Mutter lacht Tränen. Die Buben haben ihren Spaß, weil wir uns gegenseitig aus dem Konzept bringen. Bei Hasan entschuldigen wir uns permanent für die Störung. Er ist großzügig mit uns. Der eigentliche Chef des Zimmers eben!

Als wir eine große Zauberei ankündigen und mithilfe der Kinder rote Nasen aus Seifenblasen erscheinen lassen, kommt Leben in die sehr braven Kinder. Der Höhepunkt. Jetzt sollten wir wieder gehen – doch irgendetwas hält uns zurück. Für mich sind es die unglaublich tiefen Blicke der besonderen Menschen hier.

Und dann geschieht das Unglaubliche: Alle sieben singen für Herta und mich ein afrikanisches Lied. Original. Die Buben sitzen und stehen inzwischen am Bett des kranken Bruders. Wie die Sängerknaben.

Die Eltern unterstützen sie. Zaghaft, aber stolz. Die roten Nasen sind aufgesetzt.

Dass wir so direkt, so unvermittelt und so viel zurückbekommen, damit haben wir nicht gerechnet. Mit einem riesigen Glücksgefühl im Herzen tragen wir an diesem Tag eine besondere Energie in alle weiteren Zimmer und zehren selbst noch lange davon.

Einmal im Leben –
Daniel entdeckt die Liebe
Karola Sakotnik

Daniel war ein kleiner Junge, ungefähr acht Jahre alt. Er hatte viel Zeit seines jungen Lebens im Krankenhaus verbracht. Das war nicht leicht für seine Eltern. Sie konnten nur sehr schwer mit seiner Krankheit, einer zystischen Fibrose, umgehen. Wenn er zu Hause war, war er daher oft allein, saß allein in seinem Zimmer und sah fern. Eines Tages lief ein furchtbarer Horrorfilm mit einem maskierten Clown. Seither hatte Daniel große Angst vor Clowns.

Daniel gefiel es im Krankenhaus. Die Krankenschwestern und Pfleger waren seine Freunde, ihm war nicht langweilig und es war immer jemand da. Aber eines Tages veränderte sich seine Welt. Clowns kamen zu Besuch auf seine Station. Daniel schrie bei unserem Anblick verzweifelt auf, zu Tode erschreckt. Er war davon überzeugt, dass jetzt die gute Zeit, die er im Krankenhaus gehabt hatte, für immer vorbei war.

Wir verstanden seine Reaktion nicht. Was war mit dem armen Jungen los? Die Krankenschwester stürmte direkt auf uns zu. Äußerlich ruhig, aber bestimmt zog sie uns aus seinem Blickfeld: »Es tut mir leid, dass ich es Ihnen nicht gesagt habe – er hat riesige Angst vor Clowns.« Und sie erzählte uns von dem Film. Nun war uns klar, warum er sich so verhalten hatte.

Wir nahmen unsere roten Nasen ab und versuchten, wieder in Daniels Zimmer zu gehen. Die Krankenschwester begleitete uns. Sie nahm Daniel in den Arm und bat uns stillzustehen. Dann kamen sie langsam auf uns zu. Da standen nun zwei Clowns, ohne ihre roten Nasen, und fühlten sich vollkommen nackt. Wir waren ein bisschen eingeschüchtert. Dann begannen wir zu improvisieren und zu singen, um die Situation zu beruhigen.

Daniel wollte nicht näher kommen, aber er hörte auf zu weinen. Jede Woche kamen wir wieder. Nach sechs Wochen sagte Daniel der Schwester, dass wir näher kommen sollten, er wollte uns berühren. Wir waren aufgeregt. Ich, Dr. Plurbs, fing an zu zittern, als er näher kam, immer noch in den Armen seiner Krankenschwester. Er beruhigte mich mit leiser Stimme, lächelte mich an und sagte mir, dass nichts passieren würde, während er meinen Arm berührte.

Das war der Beginn einer engen Freundschaft, die eines Tages in einem Heiratsantrag gipfelte. Da ich dreißig Jahre älter war als er, sagte ich ihm, dass er noch zu jung sei, aber ich musste versprechen, dass ich warten würde, bis er achtzehn sei. Er erreichte dieses Alter nicht, aber ich erinnere mich in Liebe an meinen Fast-Ehemann.

Hauptsache, es ist möglich

Markus Rupert

Dass es ein besonderer Einsatz werden würde, war mir schon bei der Anfahrt in der stickigen und überfüllten Straßenbahn klar. Als Treffpunkt mit meiner Clown- und Schauspielkollegin hatten wir die Haltestelle der Straßenbahn ausgemacht. Ich war froh, als ich aussteigen durfte, eine frische Brise wehte mir ins Gesicht, als meine Kollegin kam. Sie war mit dem Fahrrad unterwegs.

In der Abteilung für Kinder- und Jugendpsychiatrie angekommen, wurden wir vom Pflegepersonal genauestens über den Zustand der kleinen Patientinnen und Patienten aufgeklärt, und in diesem Moment dachte ich mir: »Wie soll das gehen?«

Die familiären Situationen beziehungsweise der Alltag, in dem diese Kinder aufwachsen, scheinen nicht viel Platz für Spaß oder Humor zu lassen. All diese Krankheitsbilder, die zum überwiegenden Teil keine organischen oder körperlichen Ursachen haben, sondern vielmehr in den äußerst schwierigen sozialen und familiären Lebensumständen wurzeln, kamen mir wie eine unüberwindbare Mauer vor.

Vielleicht wäre es für mich besser gewesen, wenn ich diese Übergabe schon im Kostüm, schon als Clown Harald gemacht hätte, denn nach dem Umziehen sah die Welt ganz anders aus. Für mein Alter Ego Harald existierte keine Mauer und auch kein ach so schwieriger Lebensumstand. Er konnte gemeinsam mit Clownin Lisl Ribisl einfach drauflos marschieren und jedes einzelne Kind und jeden Jugendlichen besuchen, ihnen offen begegnen, so wie sie eben sind. Dieses Nicht-Bewerten macht für mich den Zauber unserer Arbeit in den Spitälern aus und diese Haltung wurde auch bei unserem Einsatz belohnt: mit der herzlichen Offenheit der Kinder und Jugendlichen.

So begann ein etwa achtjähriger Bub spontan mit uns Kinderlieder zu singen, obwohl er uns bei der Übergabe als äußerst schwierig beschrieben wurde. Er brachte uns sogar bei, wie man ein Dampfschiff aus Papier falten kann, was für manchen Clown schon eine sehr große Herausforderung sein kann. Dabei saßen wir zu dritt am Tisch in seinem Zimmer und er erklärte uns Schritt für Schritt, mit geduldiger und freudiger Mine das Schiffleinfalten, kurz, wir hatten eine schöne Zeit mit ihm und von Schwierigkeiten gab es keine Spur.

Mit einem anderen, älteren Jungen, mit dem die Kommunikation schwierig sein sollte, weil er gerne viele Schimpfwörter verwende und sein Gegenüber nicht ernst nehme, hatten wir eine Schattenboxpartie. Dabei bewegten wir uns ganz langsam in Zeitlupe, nach ganz klaren Regeln, die er nicht nur einhielt, sondern auch einforderte, als Harald versuchte, ein ganz kleines bisschen zu schwindeln. Dafür wurde er natürlich ordentlich geschimpft. Und aus dem Geschimpfe machten meine Clownkollegin Lisl und ich einen Rap mit seiner wortreichen Unterstützung.

Eine 13-jährige Patientin erklärte Lisl, wie man am besten einen Liebesbrief schreibt und ihn dann Clown

Harald unbemerkt zusteckt. Da das Schreiben nicht Lisls Stärke war, brauchte sie viel Hilfe von der jungen Patientin, und auch das mit dem heimlichen Zustecken erwies sich als schwieriger als erwartet, denn Harald ist immer auf der Hut. Es ist dann auch nicht gelungen, aber die zwei haben sich sowieso sehr gern, mit und ohne heimlichen Liebesbeweis.

Und so absolvierten wir an diesem Nachmittag viele Besuche, es war eine spannende und schöne Erfahrung. Als Lisl Ribisl und ich wieder in unserer Zivilkleidung waren, dachte ich mir: »Wie war das möglich?« Clown Harald würde daraufhin sagen: »Ob und wie ist doch nicht wichtig, Hauptsache, es ist möglich.«

Die Theatergötter lächeln

Giora Seeliger

Bei einer Clownvisite mit den ungarischen ROTE NASEN in der Semmelweis-Klinik, der Universitätsklinik von Budapest, bat uns eine Mutter, sobald wir Zeit hätten, ihr Kind zu besuchen. Es war ein zehnjähriges Mädchen und lag auf der Intensivstation. Sie war alleine im Zimmer, umgeben von piepsenden Maschinen mit blinkenden Kontrollleuchten. Das Licht war gedämpft und ihre Eltern sahen besorgt aus. Die Stimmung war unheilvoll.

Anstatt still zu arbeiten, beschlossen wir, Leben ins Zimmer zu bringen. Wir sangen zur Musik eines kleinen Keyboards, jonglierten mit Tüchern und erschufen so eine farbenfrohe, leichte, zirkusähnliche Atmosphäre, die den ganzen Raum in eine Welt der Wunder verwandelte. Alle konnten loslassen und einfach den Augenblick genießen, sie mussten nicht nach links oder rechts blicken, nicht an das unausweichliche Schicksal des nahenden Endes denken, das Ende unserer Vorstellung, das Ende von …

Das hübsche junge Mädchen lächelte und lachte mit uns, sie genoss unsere Fehler und beobachtete die fliegenden Tücher, die wie ein magisches Feuerwerk an Bewegung, Farbe und Form über ihrem Kopf explodierten. Wir Erwachsenen hatten das Gefühl, dass ein Engel durch den Raum schwebte, uns küsste und uns zeigte, wozu die Theatergötter fähig waren. Manchmal sehen diese Götter auf einen hinab, und es entstehen faszinierende, mystische und unvergessliche Momente.

Das Mädchen winkte uns fröhlich zu, als wir den Raum verließen, und ihre Eltern versteckten ihre feuchten Augen hinter einem Lächeln. Ihr stummer Applaus prägte sich tief in mein Herz ein. Zwei Tage später starb die Kleine an ihrer Krebserkrankung.

Der Balkankonflikt

Giora Seeliger

Kurz vor Ende des Kosovokrieges besuchte ich gemeinsam mit vier anderen ROTE NASEN Clowns das damals größte albanische Flüchtlingslager. Wir betraten das Lager als eine Art Marschkapelle und gaben dabei die Melodie von »Titina« aus dem Film *Moderne Zeiten* von Charlie Chaplin zum Besten. Sofort waren wir von Kindern und Jugendlichen umgeben, die uns auf alle möglichen Proben stellten. Tausende Hände suchten in unseren Taschen nach »Souvenirs«, sie versuchten, uns zum Stolpern zu bringen, hier und da wurden wir geschubst, um unsere Widerstandskraft zu testen.

Aber schon bald umringte uns eine Gruppe älterer Burschen aus dem Lager, unsere »Wachen«, um »ihre Clowns« und die Vorstellung zu beschützen. Da war er, meine persönliche Wache, ein vierzehnjähriger Junge, groß und stark. Er hieß Adnan, er war mein Beschützer und größter Unterstützer. Und er ermunterte mich, weiterzumachen.

Die Freude und das Lachen dieser jungen und alten Menschen, die nur einige Wochen zuvor Elend und Gräuel gesehen hatten, waren unglaublich und eine einzigartige Erfahrung in meinem Leben. Adnan war immer in meiner Nähe.

Mit dem Kopf voran sprangen wir in den Bus, der uns nach Hause fuhr, und damit endete unser vierstündiger Besuch. Als ich aus dem Fenster des Busses sah, stand dort Adnan in der ersten Reihe der Menge der jubelnden Kinder. Ich nahm meine rote Nase ab, öffnete das kleine Fenster und gab sie ihm.

Das Letzte, woran ich mich erinnere, ist sein schönes, freudestrahlendes Gesicht. Und ich hoffe, dass er sich immer an unseren Besuch und an meine rote Nase erinnern wird.

Wenn Luft zur Botschaft wird

Ingrid Türk-Chlapek

Im ersten Moment möchte man meinen, sie sieht fern. Doch nein, das TV-Gerät ist ja abgeschaltet. Sie sitzt zwar dem Bildschirm gegenüber auf dem Sofa im Aufenthaltsraum des ersten Stockwerkes in einem Pflegeheim in Klagenfurt, aber sie schaut ins Leere. Gesicht und Blick sind weich, ihr Auge ist leicht verschleiert. Ihr kurzes, weißes Haar hat sie wie immer schön frisiert. Auch sonst sieht sie adrett aus in ihrem Strickpulli, der Jerseyhose und den Filzpantoffeln.

Seit zwei Jahren kenne ich sie und fühle mich auf besondere Weise zu ihr hingezogen. Laute Musik ist bei ihr nicht angemessen. Wer sie von der Ferne begrüßt, erhält keine Antwort. Wer sich jedoch neben sie setzt, ihre Hand nimmt und sanft sagt: »Grüß' Sie, Frau Schmid«, der erntet einen kurzen, milden Blick.

Früher hat sie oft mit der rechten Hand rhythmisch an ihrem Oberschenkel auf und ab gestrichen. Als ich sie einmal deswegen lobte, wie fleißig sie doch sei, sah sie kurz auf und antwortete fast ein bisschen stolz: »Ja, fleißig.« Es waren die ersten Worte, die sie an mich richtete. Seither benutze ich regelmäßig das Wort »fleißig«, wenn ich mich mit ihr unterhalte, denn es öffnet gleich einem magischen Zweisilber für einige Sekunden das Tor in ihre Welt.

Letztens sangen wir gemeinsam die melancholische Melodie »Die schöne Burgenländerin«. Mein Clownkollege Guido Mosl begleitete uns leise am Akkordeon. Ich nahm ihre Hände und wir wiegten uns gemeinsam im Takt. Sie schien glücklich und bestätigte diesen Eindruck, als sie, nachdem der letzte Ton verklungen war, »schön« sagte. Und dann noch »danke«, ehe sie wieder in ihre Traumwelt versank. Als ich mich von ihr verabschiedete, reagierte sie, indem sie rhythmisch aus ihrem Mund zu blasen begann: fff, fff, fff, wie der Nachhall einer längst verschwundenen Lokomotive. Als ich rhythmisch zurückblies, richtete sie sich abrupt auf, beugte sich zu mir, berührte meine grünen Federn am Kopf und strich mir zärtlich über meine Wange, ohne ihr Blasen zu unterbrechen. Dann lehnte sie sich zurück und war wieder still.

Wie ähnlich wir uns doch sind, dachte ich. Wie sie leben wir Clowns in einem anderen Universum. Wie sie kommunizieren wir gut und gerne mit Luft, Tönen oder Haut zu Haut. »Berührend«, meinte Mosl nachher. Oh ja, sehr!

Kleine Wunder aus der Tschechischen Republik

Wer zuletzt lacht ...

Jana Kučerová

In der Umkleide, in der wir uns regelmäßig – einmal in der Woche – in Clowndoctors verwandeln, ziehe ich meine schneeweißen Strümpfe an, die handgehäkelten Socken mit den Schnürbändern, ein erbsengrünes Kleid mit weißen Punkten darauf und eine kurze Jacke, die ich aus einem weißen Arztkittel geschneidert habe. Ich zupfe kurz an meinen Haaren und nehme meine rote Nase. Ich sehe noch einmal mein normales, alltägliches Gesicht im Spiegel, bevor ich mir die Nase aufsetze, und voilà – da ist Schwester Pflaster.

Heute bin ich gemeinsam mit Petr – Dr. Klammer – unterwegs. Zusammen, beide tragen wir unsere roten Nasen, gehen wir auf den Gang, der voller Angestellter, Besucher und Patienten des Kinderspitals ist. Meine Aufgabe ist es, jedem, den wir treffen, zu sagen, dass wir nur schnell vorbeigehen. Die Vorbeigehenden, von denen einige in großer Eile zu sein scheinen, belohnen uns mit ersten scheuen Lächeln. Dr. Klammer jedoch findet meine Geschwätzigkeit nutzlos und ermahnt mich ständig – und wieder lächeln uns die Vorbeigehenden zu. Dr. Klammer und ich haben eine typische Clownbeziehung – ich verehre ihn, er schämt sich ein bisschen für mich, würde aber ohne mich nicht zurechtkommen. Und es funktioniert.

Eltern, Kinder, Großeltern, Ärzte, Krankenschwestern und alle anderen, die wir auf den Gängen treffen, bleiben kurz stehen und sprechen mit Dr. Klammer, oder lächeln uns zumindest zu. Dr. Klammer hat immer ein Auge auf mich, seine dumme Krankenschwester, die versucht, alle Katastrophen zu verhindern, bevor sie passieren. Schließlich nimmt er meine Hand und wir gehen auf die Tür zur Intensivstation zu. Auf dem Weg knurrt er: »Du musst nicht ständig wiederholen, dass wir nur schnell vorbeigehen. Das sehen sie ja.« »Komm jetzt«, fügt er leise hinzu.

Gemeinsam klingeln wir und tun unser Bestes, um uns der antwortenden Stimme angemessen vorzustellen. »Hallo, hier ist Doktor Klammer …«, sagt mein Kollege mit seiner tiefsten und charismatischsten Stimme, aber bevor er den Satz beenden kann, falle ich ihm ins Wort: »Und Schwester Pflaster, ich habe neue weiße Strümpfe an, kann ich hineinkommen?«

»Erzähl ihnen doch nichts über deine neuen Strümpfe, das interessiert doch niemanden!«, warnt mich Dr. Klammer fast hysterisch.

Über den kleinen Lautsprecher hören wir Gelächter, obwohl die Stimme der Krankenschwester heute etwas müde klingt. Sie lässt uns auf die Station und wir betreten, nun voll aufgewärmt, die Notfallstation. Zum letzten Mal hebe ich kurz meine Clownsnase und atme tief ein. Wer und was erwartet uns heute?

Resolut geht Dr. Klammer auf das Schwesternzimmer zu. Wir nehmen uns Zeit dafür, auch dem Personal eine Vorstellung zu geben. Heute tragen wir das Gedicht »Pardon« von Matthias Majestätisch, dem künstlerischen Pseudonym von Dr. Klammer, vor. Als aktive Krankenschwester lüfte ich dieses Geheimnis bei der erstbesten Gelegenheit. Wir versuchen immer, die Ärzte und Krankenschwestern zum Lachen zu bringen. Heute ist es schwieriger als sonst. Die Schwestern sind sehr beschäftigt und der Arzt muss einen Bericht fertigstellen. Wir versuchen, es so kurz wie möglich zu halten, und entschuldigen uns immer wieder für die Verzögerung, die wir verursachen. Schließlich lacht der Arzt, der bis jetzt auf seinen Bericht konzentriert war, laut auf. Die Tonlage seines Lachens ist überraschend hoch, was zu einem ansteckenden Lachen bei den Schwestern führt.

Danach nehmen wir unsere Nasen ab – das machen wir jedes Mal. Diesen Moment mag ich besonders gern. Wir gehen auf das Personal zu, um nach den Patienten zu fragen – um zu erfahren, welche Kinder nicht gestört werden dürfen, ob jemand operiert wurde und Ruhe braucht, aber auch um herauszufinden, ob ein Junge oder Mädchen heute Geburtstag hat. Wir waschen und desinfizieren unsere Hände und Requisiten gründlich. Heute haben wir ein Stethoskop, eine Gummiente und ein Paar Unterhosen dabei.

Das erste Zimmer, das wir besuchen, befindet sich links neben dem Schwesternzimmer. Es hat drei Betten. Im Bett neben der Tür liegt die fünfjährige Annie, die ich schon von früheren Besuchen kenne. Sie hat heute eine umfassende Untersuchung gehabt und sieht müde aus, vielleicht sogar genervt. Der kleine Lucas sitzt neben dem zweiten Bett auf dem Töpfchen. Er wirkt glücklich und sieht uns neugierig durch die Glastür an, die uns noch von dem Zimmer trennt. Im letzten Bett schläft Joey. Keine einfache Situation, denke ich, aber Klammer hat bereits leise die Tür geöffnet, schielt hinein und fragt: »Können wir auf einen kurzen Besuch hereinkommen?«

»Oder sollen wir später wiederkommen?«, füge ich mit gedämpfter Stimme hinzu. Dr. Klammer ermahnt mich, ihn nicht zu unterbrechen, die Mütter im Raum lächeln und bitten uns herein.

Es ist eine Zwickmühle – wir müssen leise sein, um Joey nicht aufzuwecken, und herausfinden, ob es Lucas etwas ausmacht, dass wir da sind, während er aufs Töpfchen geht. Annie könnte die Schwierigste der drei Kinder sein: Sie runzelt die Stirn, dreht sich weg, sie will uns nicht mal ansehen und hat kein Interesse an Clowns. Ich verstehe das vollkommen, denn sie hat Schmerzen. Wir werden sehen, ob wir etwas dagegen tun können. Wir haben Annie erst vor Kurzem getroffen und müssen noch an unserer Beziehung arbeiten.

Nun gut, als Clowns befinden wir uns immer im Hier und Jetzt. Dr. Klammer fragt Lucas leise, ob es ihm etwas ausmacht, dass wir hier sind, während er aufs Töpfchen geht. Lucas flüstert, dass es ihm nichts ausmacht. Annie sagt, dass wir gehen sollen, sie will uns nicht hier haben, und ich sehe, dass sie Tränen in den Augen hat. Wir werden sehen, wie das laufen wird, denke ich bei mir. Ich nehme Annies Worte kritiklos hin und sage: »Dr. Klammer, Annie hat das gut erkannt, ich muss wirklich gehen, weil wenn ich Lucas so sehe, muss ich pinkeln. Ich muss ganz dringend aufs Klo.« Diese Worte flüstere ich dem Doktor ins Ohr, während ich mich winde und die Beine kreuze.

Dr. Klammer blickt mit großen Augen entschuldigend durch den Raum und antwortet: »Pflaster, du wirst warten müssen, das Töpfchen ist gerade besetzt!«

Ich kreuze die Beine noch stärker und Lucas beginnt zu lachen. Dr. Klammer ermahnt mich nochmals und entschuldigt sich für die peinliche Situation. Plötzlich ist Annies noch immer leicht genervte Stimme zu hören und sie sagt sachlich: »Schwester Pflaster, bitte machen Sie sich nicht in die Hose. Nehmen sie mein Töpfchen, es ist unter meinem Bett!«

Annies Mutter sieht überrascht aus und lacht über das, was als Nächstes passiert: Ich nutze die Situation, und bevor Klammer mich daran hindern kann, nehme ich das Töpfchen und setze mich drauf. Lucas kichert und winkt mir von seinem eigenen Töpfchen aus zu. Bis dahin hat sich Dr. Klammer wieder gefangen und mahnt mit rotem Gesicht zur Stille, wegen Joey, der immer noch schläft. Er versucht, mich vom Töpfchen zu ziehen, und schafft es schließlich, aber während des Gerangels verliert er seinen Hut. Vor Freude überwältigt, setzt er sich (Durch Glück? Durch Zufall?) das Töpfchen anstatt seines Huts auf den Kopf und es rinnt (Durch Glück? Durch Zufall?) eine Flüssigkeit an ihm herunter, die (Durch Glück? Durch Zufall?) doch nur Wasser ist.

Während all das passiert, setzt sich Schwester Pflaster, auch aus Versehen, auf Klammers Hut und pinkelt hinein (natürlich tut sie nur so). Dieses Thema ist zugegebenermaßen etwas sensibel, aber es passt gut für dieses Zimmer. Und außerdem hat diese Pinkel-Pannenserie die kleine Annie und auch Lucas zum Lachen gebracht. Lachend sagt Annie zu Klammer: »Sie haben mein Töpfchen auf dem Kopf. Das ist so lustig! Schade, dass Joey das nicht sieht!«

Schnell versucht Dr. Klammer, das Chaos zu beseitigen. Er stellt das Töpfchen zurück unter Annies Bett, aber als er sich wieder aufrichten will, schlägt er sich den Kopf an. Um das Gesicht zu wahren, bittet er Schwester Pflaster sofort, ihm seinen Hut wieder auf den Kopf zu setzen. Er weiß natürlich nicht, dass sein Hut in einem viel schlimmeren Zustand ist als Annies Töpfchen. Als er ihn sich aufsetzt, brüllen die Patienten vor Lachen – der Höhepunkt der Vorstellung und der richtige Zeitpunkt, um zu gehen.

Als unser Besuch zu Ende ist, kommt Annies Mutter, um uns dafür zu danken, dass wir ihre Tochter glücklich gemacht haben, und fragt uns, ob wir das Zimmer noch einmal besuchen könnten. Nun ist auch Joey wach, und als er Lucas und Annie über uns reden hört, will auch er uns sehen. Also bleiben wir doch noch eine Weile.

Circa zwei Monate später komme ich mit unserem Projekt »Circus Patientus«, das eine Woche dauert und damit endet, dass die Patienten selbst eine Vorführung geben, auf die Intensivstation zurück. Die ersten beiden Teilnehmer an unserem Clownworkshop sind niemand anderer als die kleine Annie und ihre Mutter. Sie wollen lernen, wie man mit Tellern jongliert. Annie sieht mich mit einem verschwörerischen Blitzen in den Augen an und sagt auf ihre sachliche Art: »Schwester Pflaster, es ist immer noch unter dem Bett, wenn Sie es brauchen, okay?«

Und diesmal bin ich es, die lacht.

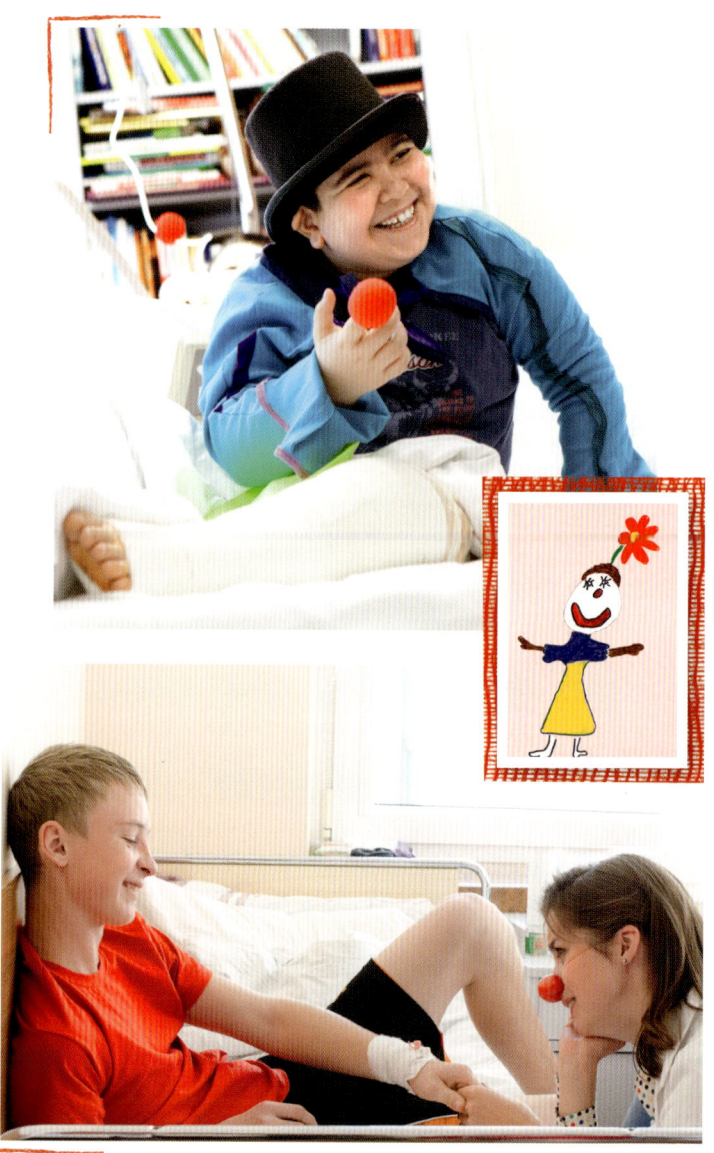

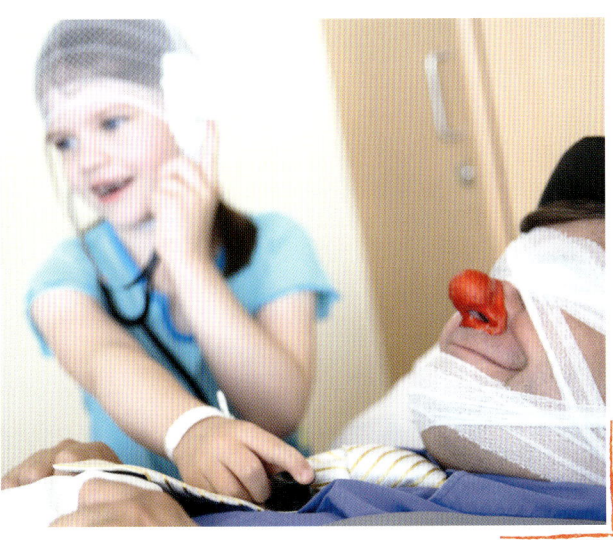

Der Vater und der Löwe

Radka Blatná

Bei vielen Krankenzimmern stehen die Namen der Patienten auf einem Schild neben der Tür. Im Fall von Babys und Kleinkindern sieht das Schild normalerweise ungefähr so aus: FRANK + M (Mutter), THERESA + G (Großmutter), ANTHONY + V (Vater).

Wir kommen an die Tür eines Krankenzimmers und spähen durch das runde Glasfenster hinein. Bevor wir uns das Namensschild ansehen können, sieht uns der Vater eines Patienten und gestikuliert, dass wir hineinkommen sollen. Wir nehmen seine spontane Einladung an und betreten das Zimmer eines zweijährigen Patienten, der im Bett liegt und mit einer Windel spielt. Der Vater will, dass der Junge die Clowns kennenlernt, und hebt ihn aus dem Bett. Aber hoppla! Der Junge scheint es nicht zu mögen und fängt beinahe an zu weinen. Dann bemerkt er unsere weißen Kittel und beginnt zu brüllen. Sein tapferer Vater will nicht aufgeben: »Keine Sorge, sieh nur, wer gekommen ist, um dich zu besuchen! Die Clowns!«

Mein Kollege und ich gehen zurück auf den Gang und lassen nur durch einen schmalen Spalt in der Tür Seifenblasen und sanfte Flötenmusik ins Zimmer strömen. Die Schreie des Jungen erinnern uns an das Gebrüll eines Löwen. Er ist ausdauernd, aber sein Vater ist es ebenfalls. »Sieh dir all diese schönen Seifenblasen an! Sollen wir ein paar fangen?«

Das Schreien des Sohns wird leiser, als er die Seifenblasen durch die Luft schweben sieht. Plötzlich erscheint ein Plüschpanda am Rand der Tür und beginnt langsam, eine Seifenblase nach der anderen zu verspeisen. Der Junge ist still und beobachtet, wie der Panda genüsslich schmatzt und mit seiner schwarzen Pfote winkt. Er ist nun ganz ruhig und antwortet sogar auf die Begrüßung des Pandas. Die sanften Töne der Flöte fügen sich gut in die Stille ein und der Panda tanzt am Türrand herum, umgeben von Seifenblasen.

Alles läuft gut. Wir verlassen zufrieden den Raum und sehen uns schließlich den Namen des Patienten an, den wir gerade getroffen haben. Auf dem Schild steht in großen Buchstaben: LEON + V. Wir spähen noch einmal durch das runde Fenster der Tür in den Raum. Leon lächelt uns an und einige Milchzähne blitzen in seinem Mund. Sein Vater sieht ebenfalls glücklich aus. Er hat es gerade geschafft, seinen kleinen König der Löwen zu bändigen.

Die Wunderblase

Gary Edwards

Jedes Leben ist wertvoll, und wenn das Leben durch eine Krankheit dazu gezwungen wird, seinen Wert in einen kürzeren Zeitraum zu packen, wird jede Minute dieses kurzen Lebens genauso wertvoll wie die Stunden eines längeren Lebens. Es ist eine unserer Missionen, die Lebensqualität hospitalisierter Kinder zu verbessern. Dann werden diese Minuten genauso wichtig wie Stunden, Tage oder sogar Jahre ...

Meine Patientin wartete verzweifelt auf eine Organtransplantation. Sie war 24 Stunden am Tag an eine Maschine angeschlossen. Sie hoffte auf einen passenden Spender, und nur darum drehte sich ihr Leben. Ihre Welt war auf einen 4 x 4 Meter großen Raum geschrumpft, mit einem Tisch, einem Sessel, einem Fernseher, der Maschine, die sie am Leben erhielt, und dem Bett, in dem sie lag. Es gab nicht viel Grund zu lachen. Ich weiß nicht, wie lange sie schon dort gewesen war, aber die Apathie, mit der sie ihr Schicksal akzeptierte, roch nach Ergebenheit und Langeweile und spiegelte sich in ihren Augen wider, die wenig Interesse am Leben vermuten ließen.

Als ich das Zimmer betrat, bemühte sie sich, mich nicht zu bemerken. Ich war doch bloß ein weiterer Arzt oder eine Krankenschwester, die sich durch ihre eingeschränkte Realität bewegte. Ich stellte mich vor und erwartete fast, dass sie abweisend wegsehen würde. Sie tat es nicht. Sie schien sogar etwas überrascht zu sein von dem ungewöhnlichen Doktor mit dem komischen Hut, dem dämlichen Grinsen und der großen roten Nase. Ich versuchte es zuerst mit verbalem Kontakt, traf aber auf Gleichgültigkeit. Sie versuchte nicht einmal, meine Fragen zu beantworten, aber sie blieb bei mir, also war noch nicht alles verloren. Dann nahm ich die Flasche mit Seifenblasenflüssigkeit aus meiner Tasche und blies ein paar Seifenblasen über ihr Bett. Mit mildem Interesse beobachtete sie die Seifenblasen dabei, wie sie eine nach der anderen zerplatzten, bis nur noch eine einzige übrig war. Ich habe noch nie in meinem Leben eine Seifenblase gesehen, die so lange hielt. Sie schwebte und schwebte und schwebte über ihrem Bett. Es war echte Magie. Fasziniert beobachteten wir beide diese verzauberte Seifenblase. Wir sahen uns immer wieder an, unsere Augen trafen sich und wir teilten still dieses eigenartig wundervolle Ereignis. Es schien Stunden, Tage, Jahre zu dauern. Wir beide verstanden, dass es nicht normal ist, dass eine Seifenblase so lange hält. Etwas ganz Besonderes passierte in diesem Moment und nur zwei Menschen auf der ganzen Welt konnten es sehen. Langsam, ohne dass wir es mitbekamen, begannen wir zu lächeln. Als die Seifenblase schließlich zerplatzte, lachten wir beide laut und befreit. Ich stellte die Flasche auf ihren Nachttisch und verließ den Raum.

Diese Seifenblase, so fragil wie ein Leben, hielt durch ein unerklärliches Phänomen viel länger, als wir es jemals für möglich gehalten hätten, und nun wussten wir beide, dass Wunder geschehen können.

Vögel unter dem Bett

Gary Edwards

»… und dann ist da Melisa in Zimmer 4«, sagte er. »Aber ihre Krankheit ist schon in den letzten Stadien und ihre Körperfunktionen versagen. Sie kann nichts mehr sehen und ich befürchte, dass es sinnlos ist, sie zu besuchen.«

Ich spreche mit dem diensthabenden Arzt auf der Kinderonkologiestation und hole mir Informationen über die Patienten, bevor ich meinen Besuch beginne. Wir sind in seinem kleinen Büro neben dem Gang auf der Intensivstation.

Ich nicke und blicke auf den Sack mit Kostümen in meiner Hand. »Macht es Ihnen etwas aus, wenn ich sie trotzdem besuche?«, frage ich und unsere Blicke treffen sich, als ich aufsehe.

»Nein, nur zu«, sagt er. In seiner Stimme ist keine Skepsis zu hören. Er kennt und respektiert die Arbeit der Clowndoctors.

Ich ziehe mein Kostüm an und beginne meinen Besuch. Zimmer 4 hebe ich mir bis zum Schluss auf. Zimmer 4 liegt in der Mitte des Gangs, ich gehe während meines Besuchs mehrere Male daran vorbei und frage mich, was ich für Melisa tun kann. Schließlich entscheide ich, dass mein Besuch auf Tönen basieren muss, wenn sie mich nicht sehen kann. Kein Problem. Ich habe schon oft blinde Patienten besucht.

Stunden später, mein heutiger Klinikbesuch ist fast vorbei, stehe ich vor Melisas Tür und klopfe leise. Keine Antwort. Ich öffne die Tür einen Spalt, spähe hinein und frage: »Darf ich hineinkommen?«

Melisas Mutter sitzt neben dem Bett und wirkt abgelenkt. Melisa, neun Jahre alt, dünn, gebrechlich und kahl, starrt blind an die Decke, auf dem Rücken in ihrem Bett liegend. »Ja«, murmelt die Mutter, während sie mich kurz ansieht. Die Ringe unter ihren Augen sagen mir, dass sie schon lange nicht mehr geschlafen hat. Sie sitzt hier offensichtlich als Wache, alle Hoffnung ist verloren. Ihre Tochter ist verloren.

Ich begrüße Melisa, stelle mich mit komischer Stimme vor und beginne sofort, pfeifende Vogelgeräusche zu machen. »Ah, was ist das?«, frage ich, die Frage direkt an Melisa gerichtet. »Hast du etwa einen Vogel unter deinem Bett?«

Sie lächelt. Ihre Mutter sieht mich überrascht an.

Ich bin sicher, dass Melisa meine Bewegungen spüren kann, und deshalb bücke ich mich, greife unter das Bett und klatsche mit den Händen. »Ich habe ihn!«, rufe ich. »Möchtest du ihn hören?«

Melisa lächelt wieder und sagt »um hm«, um ihr Interesse zu zeigen. Wir wissen beide, dass es ein Spiel ist. Die Person, die am meisten überrascht ist, ist Melisas Mutter, die noch immer nicht versteht, was los ist. Für sie ist es schwierig, die Schwermut abzulegen, in der sie sich vergraben hat. Melisa andererseits findet es, denke ich, erfrischend und lustig, wieder ein normales Kind sein und spielen zu können.

Ich halte meine Hände an Melisas Ohr und beuge mich hinunter, um das Pfeifen eines Vogels nachzuahmen. Melisas Lächeln wird breiter. Die Reaktion ihrer Mutter wandelt sich von Überraschung in Staunen.

»Was soll ich mit ihm machen?«, frage ich Melisa und meine den erfundenen Vogel in meiner Hand. »Soll ich ihn aus dem Fenster werfen?« Ich warte auf eine Reaktion. »Vielleicht sollte ich ihn einfach wieder unter das Bett legen, damit du hier einen Freund hast?«, frage ich. Melisa stimmt zu und kichert.

Ich tue so, als ob ich den Vogel zurück unter das Bett lege und imitiere noch ein paar Mal das Pfeifen des Vogels. Ich nehme meine Ukelele und beginne ein Lied über einen Vogel zu singen, der unter einem Bett lebt, und verwende Melisas Namen.

Jetzt lacht Melisa lauthals. Ihre Mutter lächelt.

Am Ende des Liedes spiele ich weiter auf meiner Ukulele, verabschiede mich und schlurfe aus dem Zimmer. Melisas Mutter kommt hinter mir her, dankt mir, will mir Geld geben. Sie versteht vielleicht nicht, dass das Lachen, das ich in diesem Zimmer bekommen habe, etwas ist, das man für kein Geld der Welt kaufen kann. Als ich das Geld zurückweise, nimmt Melisas Mutter meine Hand und dankt mir innig. Ich bin nicht sicher, ob dieser Besuch mehr für Melisa oder ihre Mutter war. Ich denke, für beide.

Einige Wochen später bin ich wieder auf der Kinderonkologie und bereite mich auf einen Besuch vor, als mich derselbe Arzt auf dem Gang anspricht. »Erinnern Sie sich an Melisa in Zimmer 4?«, fragt er mich. Ich erinnere mich und fürchte mich davor, das zu hören, was ich schon so oft gehört habe. Wie jeder andere auch werde ich mich nie daran gewöhnen, Patienten zu verlieren. Diese jungen Leben, die die Qualen einer

Krankheit ertragen müssen, kämpfen mit so viel Würde und behalten während des kräftezehrenden Prozesses ihre Grazie, nur um den Kampf am Ende zu verlieren. Was für eine Verschwendung, was für ein Verlust von Träumen und Talenten. Ich kann mir nichts Traurigeres vorstellen. »Nach Ihrem Besuch«, sagt mir der Arzt, »veränderte sich Melisas Zustand um 180 Grad zum Besseren. Ihr Augenlicht und alle Körperfunktionen kamen zurück und wir konnten sie nach Hause schicken!«

Mein Verstand fährt Achterbahn. Melisa ist nicht gestorben. Sie ist eines der Kinder, die es geschafft haben. Sie haben sie heimgeschickt. Sie hat die Chance, ein langes und erfülltes Leben zu führen. Ich spüre, wie mir Tränen in die Augen steigen.

Ich weiß, wie das genannt wird – Spontanremission. Aber mir erscheint es wie ein kleines Wunder und ich werde heute Nacht lächelnd im Bett liegen, an die Decke starren und die Vögel unter meinem Bett singen hören.

Das leere Bett

Gary Edwards

Keine herzliche Begrüßung durch das Personal
Sie wussten etwas
Ich konnte nicht fragen, also machte ich einfach weiter
Langsam zog ich mein Kostüm an, wusch mir allein
    die Hände
Niemand sah mich an
Sie wussten etwas
Eine dunkle, ohrenbetäubende Stille hatte sich über
    diesen Ort gelegt
Ein leerer Gang
Besucher sind nicht erlaubt
Sie wussten etwas
Eine Geste in Richtung eines Zimmers
Ein mitfühlendes Nicken
Ich bin wieder einer von ihnen
Sie wissen, dass ich es herausfinden werde
Hier, wo es Lachen gab
Eine unaussprechliche Leere
Ein Leben, zu schön, um zu versagen, ist von uns
    gegangen
Ein leeres Bett

Nicoles Geschenk

Gary Edwards

Ich traf Nicole eine Woche, nachdem ich das Krankenhaus, in dem sie lag, zum ersten Mal besucht hatte. Sie hatte bereits drei Jahre in diesem Krankenhaus gelebt, wenn man das denn leben nennen kann. Sie war an das Krankenbett auf der Intensivstation gefesselt, seit sie beide Elternteile bei einem Autounfall verloren hatte. Aufgrund dieses Unfalls war Nicole komplett gelähmt. Sie hatte einen permanenten Atemschlauch in der Luftröhre und dieser Plastikschlauch war mit der Herz-Lungen-Maschine neben ihrem Bett verbunden. Nicole konnte nur ihre Augen bewegen, wunderschöne blaue Augen, die in einem unbeweglichen, leblosen Körper gefangen waren. Sie war sechs Jahre alt. Ich sollte sie während der letzten zwei Jahre ihres kurzen, tragischen Lebens begleiten.

Nicole suhlte sich nicht in Mitleid. Sie sah ihr Leben nicht als etwas Tragisches an, obwohl ich dachte, dass sie jedes Recht dazu hätte. Sie war so mutig und akzeptierte ihr Schicksal, sodass ich, wenn ich – oder besser gesagt mein Clown – bei ihr war, die äußeren Umstände vergessen konnte und nur das aufgeweckte, entzückende Kind sah, das sie war: Es war da, in ihren Augen, wenn sie lächelte, wenn sie lachte. Sie sprach mit ihren Augen. Ein leichtes Blinzeln bedeutete »Nein«. Ein Zwinkern mit beiden Augen bedeutete »Ja«.

Ihr Lachen war still, aber gleichzeitig so laut, wunderbar und ansteckend, wie es das Lachen jedes Kindes sein kann. Ich sah, wie sie herumlief und spielte, mit ihren Freunden lachte und ihre blonden Locken im Sonnenlicht glänzten. Ich sah Dinge, die nie passierten.

Nach einem Besuch bei Nicole brauchte ich immer Zeit für mich allein, um meine Gedanken zu ordnen, über das Wunder des Lebens zu staunen, mich über die Tücken des Schicksals zu wundern und wütend darauf zu sein. Ich weinte und lachte, als ich begriff, wie zerbrechlich das Leben war und wie viel Glück ich hatte.

Nicole war etwas Besonderes. Sie weckte mich auf. Sie brachte mich zum Nachdenken. Sie gab mir ein neues Bewusstsein. Das war das Geschenk, das Nicole mir machte. Ich brachte sie dafür zum Lachen. Das war unsere Abmachung. Unsere stillschweigende Abmachung. Eine Win-Win-Situation, und ich werde sie niemals vergessen.

Prinzessin Karolina

Gary Edwards

Wir sind auf einer pädiatrischen Herzstation, es ist Montag. Es gibt einige neue Patienten. Karolina ist einer von ihnen. Sie sitzt auf dem Bett, ängstlich und einsam, und blickt auf ihre Beine, als wir die Tür öffnen, ihr langes schwarzes Haar trägt sie in einem Pferdeschwanz. Sie ist neun, vielleicht zehn Jahre alt. Eine gepackte Tasche neben ihrem Bett leistet ihr Gesellschaft wie ein treues Haustier: etwas Vertrautes an diesem merkwürdigen Ort. Sie ist noch nicht richtig angekommen, als ob sie nicht akzeptieren will, dass sie über Nacht hierbleiben wird. Der Gedanke an den Pyjama in ihrer Tasche ist furchteinflößend. Ich bezweifle, dass ihr jemand gesagt hat, wie lange sie bleiben muss. Es könnten Tage, Wochen, Monate sein, eine Ewigkeit für ein Mädchen ihres Alters. Es ist wahrscheinlich das erste Mal, dass sie von zu Hause fort ist. Ich habe das Gefühl, dass sie gerade erst abgeliefert wurde. Beschäftigte Eltern. Keine Erklärung.

Ich frage, ob ich eintreten darf, und füge ein formelles »gnädige Frau« hinzu. Sie sieht auf. Ein vorsichtiges Lachen.

Beim Betreten des Raums verbeuge ich mich tief. Meine Clownpartnerin versteht den Hinweis und verbeugt sich ebenfalls. »Guten Morgen,

Eure Majestät«, sage ich ehrerbietig. »Darf ich mich vorstellen?«, frage ich, ohne auf eine Antwort zu warten. »Ich bin Doktor Pytlik, der Leiter des Krönungskomitees, und das ist meine Assistentin, Schwester Bylinka.« »Schwester Bylinka«, sage ich und sehe zu meiner Partnerin, »ich darf Ihnen Prinzessin Karolina vorstellen.« Wir beugen uns beide nach vorne, unsere Oberkörper parallel zum weißen Fliesenboden, unsere Köpfe nach hinten gedreht, wir sehen lächerlich aus. Karolina versucht, nicht zu lachen, und hält sich die Hand vor den Mund, aber ohne Erfolg.

Wir sind erst einige Minuten da, als eine Kranken-schwester ins Zimmer kommt, uns ignoriert und Karolina sagt, dass sie für einen EKG-Test mitkommen muss. Es ist klar, dass Karolina nicht weiß, was das bedeutet. Ihre Augen füllen sich mit Tränen, während sie widerwillig vom Bett aufsteht und der Krankenschwester folgt. Sie ist nun wieder das kleine verschreckte Mädchen, das wir von der Tür aus gesehen haben.

»Einen Moment bitte«, sage ich, während ich mich weiter verbeuge. »Die Prinzessin kann den Raum nicht ohne ihre Krone verlassen.« Ich bin nicht sicher, ob die Krankenschwester antworten wird. Es ist für Karolina.

»Okay, beeilt euch«, sagt die Krankenschwester und ich werfe ihr einen dankbaren Blick zu.

Wir basteln schnell eine Krone aus zwei gelben Ballons und platzieren sie sorgfältig auf Karolinas Kopf. Eine formelle, wenn auch etwas hastige Zeremonie. Wir begleiten den königlichen Festzug aus dem Zimmer und den Gang entlang und geben allen, die wir treffen, den Befehl, sich vor der Prinzessin zu verbeugen. Karolina lächelt wieder und sieht majes-tätisch aus mit ihrer Krone. Auf dem Weg erkläre ich ihr, dass ein EKG nicht wehtut. Ich warne sie aber, dass es kitzeln könnte. Sie winkt uns zu, bevor sich die Tür zum Untersuchungsraum schließt. Wir verbeugen uns und warten draußen, um die Prinzessin zurück in ihre königlichen Gemächer zu begleiten.

Kleine Wunder aus Deutschland

Weniger ist mehr

Reinhard Horstkotte

Als ich zum ersten Mal von der Möglichkeit erfuhr, als Clown in Krankenhäusern aufzutreten, interessierte es mich zwar, aber ich entschied mich dagegen. Lieber wollte ich als Akrobat, Musiker und Clown die Bühne erobern.

Nach einer Weile fand ich die Idee jedoch immer reizvoller. Mir wurde klar, dass man als Clown in Krankenhäusern gleich mehrere Dinge miteinander verbinden kann, die mich für eine lange Zeit fordern würden. Die Kunst und das Schauspiel aus dem begrenzten Bereich der Theaterwelt hinauszutragen, erschien mir lohnenswert.

Einer meiner ersten Krankenhausbesuche überhaupt führte mich auf die Intensivstation für Kinder und Jugendliche mit Mukoviszidose. Die Patienten hier sind echte »Krankenhaus-Profis«. Einige von ihnen wissen mehr über die Behandlung ihrer speziellen Erkrankung als viele Ärzte. Mukoviszidose ist eine Stoffwechselerkrankung, die Patienten von Geburt an haben. Einfach ausgedrückt, produziert der Körper zu viel Schleim, sodass die Patienten fast daran ersticken. Es gibt so gut wie keine Heilungschancen, chronisch kranke Patienten verbringen viel Zeit im Krankenhaus und warten auf ein neues Organ. Viele von der Krankheit betroffene Menschen sterben jung.

Bevor ich mein Clownskostüm anzog, erzählte mir die Oberschwester von einem Jungen namens Richard. Er lebte zusammen mit seiner Mutter seit etwa sechs Monaten auf der Station, in einem kleinen Zimmer. Die Schwester sagte mir, dass der Junge sehr krank sei und bald sterben würde, da die Behandlung bei ihm sehr schwierig sei. Seine Mutter war verzweifelt. Richard war sehr schwach. Trotzdem aber war er – wie es zehnjährige Jungen eben so sind – aufsässig gegenüber seiner Mutter. Es war bewundernswert zu sehen, dass die Frau ihrem Sohn eine gute Mutter war und ihm gutes Benehmen beibrachte, trotz des Wissens, dass er bald sterben würde.

In dieser Situation kam ich ins Spiel – als Filou, der Clown. Damals brachte ich eine Menge Zeug mit – einen sehr großen Koffer mit Jonglierausrüstung, Zaubertricks, Puppen, einer Gymnastikmatte und einer großen Djembe-Trommel. Diese Sachen benutzte ich immer bei meinen Auftritten auf der Straße und auf der Bühne. Erst später wurde mir klar, dass die bekannte Redewendung »Weniger ist mehr« auch auf die Tätigkeit als Clown zutrifft.

Ich betrat also den Raum. Richard lag in seinem Bett direkt neben der Tür und seine Mutter lag drei Meter weiter am Fenster. Richard starrte ausdruckslos vor sich hin. Seine Mutter las eine Zeitschrift. »Heyho, darf ich Hallo sagen und eintreten?«, fragte Filou. Weder Richard noch seine Mutter blickten auf, aber Richard bewegte seinen Kopf ein wenig, und ich entschied, dies als »Ja, komm herein« zu deuten.

Die Atmosphäre war so drückend, dass ein Teil von mir am liebsten davongelaufen wäre. »Was soll ich hier tun?«, fragte ich mich. »Ihnen ist nicht zum Lachen zumute.« Ich fühlte mich gefangen, aber ich konnte nicht einfach wieder gehen. Ich musste mit der Show beginnen. Filou gab sein Bestes: Er schlug die Trommel – keine Reaktion. Er jonglierte – und erntete nur einen befremdlichen Blick. Filou führte sogar Slapstick-Akrobatik vor – sehr gekonnt und nicht einfach in einem so kleinen Krankenzimmer. Richard und seine Mutter schien das jedoch zu langweilen und sie sahen diesem seltsamen Clown nur dabei zu, wie er sich große Mühe gab, sie zu unterhalten.

Filou sah Richard an und fühlte sich wie ein totaler Versager, da er anscheinend keine Beziehung zu ihm aufbauen konnte. Zum Abschluss wollte Filou noch einen Luftballon aufblasen und ihn Richard schenken. Plötzlich hielt sich Richards Mutter die Ohren zu und tat so, als würde der Ballon platzen. Es passierte etwas: Die beiden – oder zumindest die Mutter – begannen, mit mir zu spielen.

»Jetzt können wir über deine Mutter reden, sie kann uns nicht hören«, sagte ich. »Schnarcht sie?«

»Hahaha!«, lachte Richard.

»Furzt sie?«, fragte ich.

Richard lachte noch lauter. Und natürlich lachte seine Mutter mit. Glücklich und dankbar verließ ich schließlich den Raum, denn Richard hatte mich eines der wichtigsten Dinge gelehrt, die ein Clown wissen muss: Weniger ist mehr.

Zwei Wochen später war ich wieder auf der Intensivstation. Eine Krankenschwester erzählte mir, dass die Mutter des Jungen gesagt hatte, dass dies das letzte Mal gewesen war, dass sie und ihr Sohn zusammen gelacht hatten. Der Junge war inzwischen gestorben.

Auseinandersetzung mit dem Elefanten

Paul Kustermann

Rupert war neun Jahre alt. Er hatte einen inoperablen Tumor am Schienbein. Die Behandlung: Amputation. Das erzählte man uns bei der Besprechung für unsere Clownvisite auf der Station für krebskranke Kinder in Berlin-Buch. Was uns der Oberarzt weiter erklärte, erschrak uns, war für uns kaum vorstellbar. Die moderne Medizin flößte uns großen Respekt ein. Und das Schicksal des kleinen Rupert lehrte uns Demut.

»Damit Rupert nicht nur ein funktionsfähiges Kniegelenk behält«, erklärte der Arzt, »sondern auch eine ausreichende Beinlänge, um daran nach der Operation eine Beinprothese anbringen zu können, haben wir einen sogenannten inversen Gelenkersatz durchgeführt.«

Das heißt, das Bein wurde nicht direkt unterhalb des Knies amputiert – dies wäre zwar plausibel erschienen, hätte aber bedeutet, dass Rupert mit einem Beinstumpf hätte leben müssen, an dem sich nur schwer eine Prothese hätte anbringen lassen. Stattdessen wurde das Bein oberhalb des Knies amputiert und Ruperts amputierter Fuß mit dem Oberschenkel verbunden. Dadurch befand sich Ruperts Fuß nun anstelle seines Knies und zeigte nach hinten. Auf diese Weise wurde sein Fußgelenk zu einem funktionsfähigen Kniegelenk, und der sich direkt unterhalb dieses neuen

»Knies« befindende Fuß bot eine geeignetere Basis für das spätere Anbringen einer Bein- und Fußprothese. Die Fußsohle von Ruperts transplantiertem Fuß wies eine besser gepolsterte Oberfläche auf, als es bei einem mit Haut bedeckten Stumpf der Fall gewesen wäre. Außerdem ermöglichten die funktionsfähigen Muskeln und Zehen eine gute Beweglichkeit und sensorische Reaktion.

All das klang sehr logisch. Wir waren auf die rationale Realität dieser anatomischen Anomalie vorbereitet. Emotional waren wir jedoch überhaupt nicht auf den Anblick von Rupert vorbereitet, als wir ihn beim Betreten seines Zimmers zum ersten Mal vor uns sahen!

Rupert saß mit übergeschlagenen Beinen auf seinem Bett. Sein rechtes Bein lag ober dem linken. Wo normalerweise ein Schienbein gewesen wäre, befand sich ein Fuß – der nach hinten zeigte, als wäre er verdreht. Es sah aus, als hätte jemand seine Gliedmaßen genommen und wie einen Haufen Brennholz durcheinander in seinen Schoß geworfen.

Wir standen einen Augenblick starr vor Schreck in der Tür. Es hatte uns die Sprache verschlagen. Dann rutschte mir etwas richtig Dummes heraus. »Rupert«, begann ich als Clown Willi, »du hast deinen Fuß heute Morgen verkehrt herum angezogen.«

Es herrschte völlige Stille im Raum. Die anderen beiden Jungen, mit denen sich Rupert das Zimmer teilte, sahen mich an, als hätte ich soeben das Unaussprechlichste überhaupt gesagt. Meine Clownkollegin wirkte, als ob sie lieber nicht gehört hätte, was ich gerade gesagt hatte. Verwirrt und neugierig warf ich einen kurzen Blick in die Runde. Rupert sah mich mit einem etwas frechen Lächeln an und sagte: »Nein, Willi. Das waren die Ärzte. Das soll so sein.«

»Oh«, antwortete ich. »Passiert dir das öfter?«

Das löste ein kleines Wunder aus. Rupert begann, mir die gesamte Operation zu erklären: warum es für ihn besser war, dass sein eigener Fuß an seinem Knie war, und was er damit alles machen könnte. Er bestätigte seinen fortschreitenden Heilungsprozess.

Das Eis um die seltsame Anomalie, mit der keiner im Raum so recht umzugehen wusste, war gebrochen. Der junge Patient war stolz auf das, was er hatte, und darauf, wie es ihm helfen würde. Und die anderen Jungen fanden auf diese Weise einen Weg, ihre Neugierde – und ihre Ängste – auszudrücken.

Rupert schilderte alles ganz genau: warum man sich für den inversen Gelenkersatz entschieden hatte, wie die Operation abgelaufen war, was das für seine spätere Prothese bedeuten würde. Er begann, sich mit seiner speziellen Anatomie zu »identifizieren«, und wir fragten natürlich, ob er seinen Fuß wirklich benutzen könnte. Das konnte er. Er konnte ihn bewegen. Ihn spüren. Und daran gekitzelt werden. Er konnte seine Zehen spreizen und damit einen Bleistift festhalten, und der Fuß roch sogar wie ein Fuß. Wir alle lachten, und am Ende hingen wir sogar eine Schnur im Zimmer auf und spielten eine Runde Volleyball mit einem Luftballon. Jeder durfte nur die Füße benutzen und Rupert gewann. Er war ein Held.

Rückblickend bin ich froh darüber, dass ich auf meine Intuition vertraute und damit den dichten Schleier aufbrechen konnte, unter dem die Angst vor dem Andersartigen verborgen lag – wie wenn man endlich über den Elefanten im Raum spricht, den niemand erwähnt hat, weil alle Angst davor haben, seine Anwesenheit zuzugeben. Rupert hat uns bewiesen, dass er bereit war, sich mit dem Elefanten auseinanderzusetzen.

Kleines Wunder aus Kroatien

Mehr Musik

Zoran Vukic

Dr. Ludek und Dr. Rotfisch waren auf der pädiatrischen Station. Während ihres Besuchs spielten sie die Rollen eines Dirigenten und eines Dieners und spielten Lieder auf der Ukulele und mit dem Schüttelrohr. Als sie auf die Intensivstation kamen, sahen sie viele Kinder, denen es schlecht ging, und die Atmosphäre war sehr traurig und gedrückt.

Leise spielten die Clowns eine Melodie aus *Der König der Löwen* und als das Lied zu Ende war, bemerkten sie, dass sich die Hand eines ansonsten unbeweglich daliegenden, etwa siebenjährigen Jungen langsam und schwach bewegte. Er war ganz in Bandagen gewickelt, mit Ausnahme seiner Finger. Die Clowns erkannten in der Bewegung seiner Finger eine Einladung und gingen näher an sein Bett heran. Der kleine Junge gab ihnen weiter Zeichen. Als die Clowns noch näher an sein Bett herantraten, flüsterte er: »Will mehr.« Für die Clowns bedeutete dies selbstverständlich, weiter bei ihm zu bleiben und fröhliche Musik zu spielen.

Zehn Tage später kamen die Clowns wieder auf die pädiatrische Station und trafen denselben Jungen. Diesmal waren bereits einige seiner Verbände verschwunden und er saß lächelnd auf seinem Bett und wartete auf die Clowns. »Mehr Musik«, sagte er lächelnd und seine Eltern erzählten diesen, dass ihr

Sohn seit Tagen nur noch von den Clowns sprach und darüber, wie sehr er sich auf ihren nächsten Besuch freute. Was konnten die Clowns nun tun? Ganz einfach: Sie spielten mehr Musik für ihn.

Kleine Wunder aus Ungarn

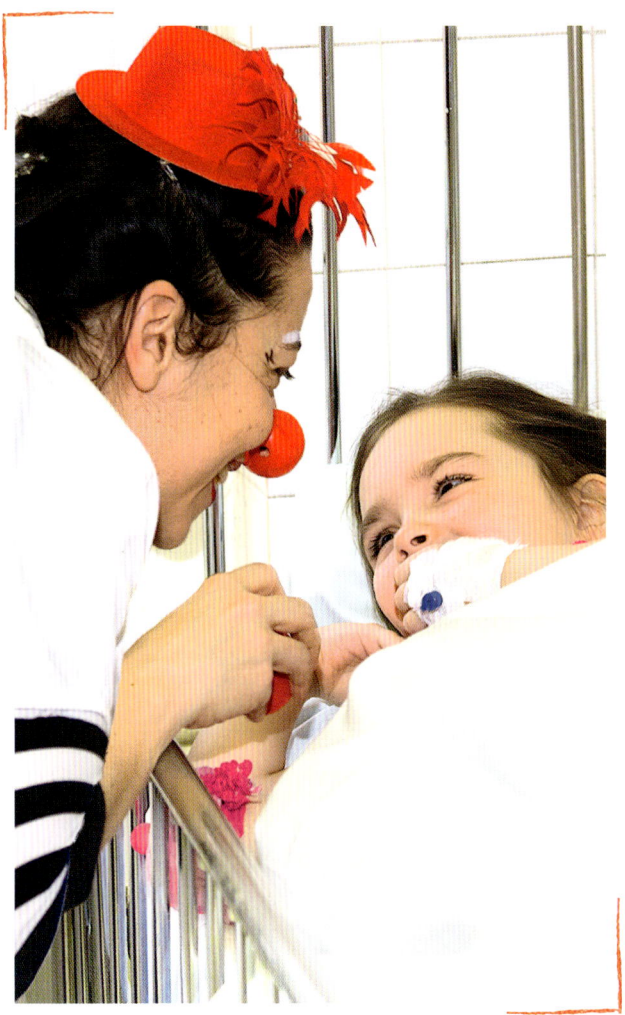

Évi liebt das Tanzen

Eszter Nagy

»Können Sie sehen, wie sie strahlt? Das macht sie immer, wenn sie Musik hört. Sie liebt Musik so sehr!«

Évis Mutter spricht auf ihre atemberaubend positive Weise mit mir. Sie ist absolut überzeugt davon, dass sich ihre Tochter bald erholen wird. Nun, ich singe glücklich, während ich das Gesicht des schwachen Mädchens studiere, das vor mir liegt. Um ehrlich zu sein, kann ich nicht sehen, dass sie strahlt. Ich fühle mich eher, als wäre ich umsonst hier.

Drei Monate später bin ich wieder auf derselben Station und die Mutter, ihre Augen funkeln immer noch überzeugend, nimmt mich am Arm. »Dr. Pirula, Dr. Pirula! Sehen Sie sie an …«, sagt sie, begeistert von den kleinen Schritten der Erholung ihrer Tochter.

Ich beobachte das Mädchen. Ihr Gesicht zeigt immer noch sehr wenig Bewegung … Sie versucht, einige schwache Schritte zu machen, mit wackligen Knien und auf einen Stock gestützt. »Herzlichen Glückwunsch, Évi! Das nächste Mal tanzen wir!«, ermutige ich sie lautstark.

»Nein, jetzt!«, flüstert sie leise. Sie sagt es klar und entschlossen, obwohl sie kaum atmen kann.

»Okay – abgemacht, Évi!« Ich nehme sie beim Wort, nehme ihre Hand und führe sie auf die Tanzfläche.

Vorsichtig machen wir einige kleine Schritte. Ihr Blick trifft meinen und ich fühle, dass auch ihre kleinsten Knochen die Musik feiern.

Sie bringt ihre Freude zum Ausdruck: Glücklich, stark, aber immer noch flüsternd sagt sie zu ihrer Mutter: »Sieh nur Mama, ich tanze!«

Hilfe bei einer Untersuchung

János Greifenstein

Es ist vor zwei Jahren passiert, am 24. Dezember, zu Weihnachten. Eigentlich sollte dieser Tag ein Festtag sein, aber manchmal ist er das nicht – oder besser gesagt: Er ist es, aber auf andere Art und Weise.

Es war ein typischer Winternachmittag, kalt und dunkel; nur wenige Kinder befanden sich im Krankenhaus. Schwester Eva kämpfte bei dem Versuch, dem fünfjährigen Istvan Blut abzunehmen.

Wir schlichen uns in den Behandlungsraum und sie lud uns ein, ihr zu assistieren. Istvan weinte laut. Er war angespannt, erschrocken und verängstigt. Nein, so konnte Schwester Eva niemals Blut abnehmen. Was konnten wir tun? Wir versuchten verschiedene Dinge und einige kleine Zaubertricks, keine Reaktion. Dann neckten wir uns gegenseitig, keine Reaktion. Der Junge neben uns weinte immer noch. Wir begannen zu singen.

Plötzlich sah uns Istvan eindringlich an und eine Sekunde später hörte er auf zu weinen. Schwester Eva nutzte diesen Moment und nahm ihm Blut ab; dann sah auch sie uns an und lächelte. Sie schüttelte anerkennend den Kopf: »Wow! Ich habe es geschafft! Endlich! Dieses Lied hat ein Leben gerettet – meines! Vielen Dank!«

Poetische Begegnungen, unendlich wiederholt

Zsolt Reitter

CLOWN: »Willkommen, Tante Gizi, wir haben uns schon lange nicht mehr gesehen.«

FRAU GIZI: »Oh, das ist sehr nett von Ihnen, gnädiger Herr! Bitte kommen Sie doch näher!«

CLOWN: »Wie geht es Ihnen, gnädige Frau?«

FRAU GIZI: »Ach, mein Lieber, sehr gut. Ich habe gerade erst meinen 98. Geburtstag gefeiert. Ich muss sagen, ich liebe Sie wirklich sehr!«

CLOWN: »Ich liebe Sie ebenfalls, gnädiges Fräulein! Darf ich Ihnen mein Lieblingslied vorsingen? Es ist eine Ballade zu Ihrem Geburtstag:

> *Ma n'atu sole chiù bello, oi ne'*
> *'o sole mio sta nfronte a te,*
> *'o sole, 'o sole mio*
> *sta nfronte a te …«*

FRAU GIZI: »Oh, das klingt ja wunderbar, gnädiger Herr! Auch Ihnen alles Gute!«

Tante Gizi denkt kurz nach und zieht mich zu sich heran: »Oh mein Lieber, sagen Sie mir bitte noch mal: Wer sind Sie, gnädiger Herr?«

Herr Igel und Herr Wurm

Éva Csatári

Álmos ist ein drei oder vier Jahre alter, autistischer Junge. Es ist schwer, eine Verbindung zu ihm aufzubauen oder auch nur Augenkontakt herzustellen. Die einzige Form der Kommunikation findet statt, wenn jemand seinem Vater die Hand schüttelt. Dann besteht die Chance, dass auch Álmos auf die Anwesenheit dieser Person reagiert und ihr vielleicht sogar die Hand schüttelt.

Álmos hat seit langer Zeit nicht mehr gesprochen. Er hat immer wieder epileptische Anfälle, die nur von den Menschen wahrgenommen werden, die ihn gut kennen. Wenn er einen Anfall hat, steckt er seinen Kopf zwischen seine Arme und es sieht aus, als ob er sich zusammenrollt und versucht, sich zu schützen. Das ist alles, was wir über ihn wussten, bevor wir ihn das erste Mal auf der Rehastation besuchten.

Wir trafen ihn auf dem Gang, wo ihn sein Vater gerade im Rollstuhl schob: Sie machten einen Spaziergang. Mein Clownpartner und ich gingen vor Álmos in die Knie, damit er uns sehen konnte. Eigentlich waren nicht wir es, sondern Herr Igel und Herr Wurm, unsere Handpuppen, die seine Aufmerksamkeit suchten. Im nächsten Moment blickte Álmos Herrn Igel an und griff nach ihm.

»Heute hat er sogar einmal seinen Namen gesagt!«, versuchte uns Álmos' Vater vorsichtig gestikulierend mitzuteilen, um uns nicht zu unterbrechen.

Auch Herr Wurm wollte nun bei dem Spiel mitmachen. Er begann ein Lied über seinen Freund Herrn Igel zu singen. Das Lied handelte davon, dass er ihn nicht finden konnte, wie sehr er ihn vermisste und dass er sehr traurig darüber war.

Plötzlich zog Álmos Herrn Igel noch näher an sich heran, damit er seinen neuen Freund besser sehen konnte. Wir waren sehr überrascht. Álmos spielte mit uns! Und es wurde noch besser: Álmos begann mit uns zu sprechen. Er sprach über eine Maschine, die auf seinen Kopf gesetzt wurde; er redete laut und brabbelte vor sich hin.

Das war zu viel für seinen Vater. Er begann zu lächeln, und vor Freude strahlend ging er zum Anfang des Gangs zurück, um das Geschehen nicht durch seine grenzenlose Freude zu stören.

Langsam beendeten Herr Igel und Herr Wurm den Besuch. Als sie sich verabschiedeten, steckte Álmos plötzlich seinen Kopf zwischen die Arme, wie um sich selbst zu schützen, und rollte sich zusammen. Er hatte einen seiner leichten epileptischen Anfälle.

Sein Vater kümmerte sich um Álmos und kam dann zu uns zurück. Wir beide standen da – mit der großen Frage: Sind wir zu weit gegangen? Die Antwort erhielten wir kurz darauf: Álmos' Vater gab uns beiden einen dicken Kuss auf die Wange.

Das ist keine normale Verabschiedung auf einer Rehastation, und während der nächsten zwei Stunden lächelten wir noch immer vor Glück!

Versteckspiel

Tünde Gelencsér

Es ist ein regnerischer, nebliger Herbsttag. Noch hat niemand bemerkt, dass der Sommer vorbei ist. Am Gang des Krankenhauses sind die Umbauarbeiten abgeschlossen und die Stille fühlt sich komisch an. Es regnet still, die kühle Luft bewegt sich nicht.

Im Zimmer ist es ebenfalls still, fast leer, und nur ein kleiner Haufen aus Decken liegt auf dem Bett. Wir betreten den Raum, der Haufen bewegt sich, dann ist er wieder reglos.

»Nun, ich sehe, dass niemand hier ist. Wir sind wieder zu spät dran und sie ist schon weg. Es ist deine Schuld, wieso hast du dir so lange deine Haare gekämmt?«

»Ich? Wer hat den ganzen Tag nach seinem Stift gesucht?«

»Das ist etwas ganz Anderes.«

»Ohne Stift können wir sie nicht um ein Autogramm bitten.«

Darüber sind wir uns einig. Unter der Decke ist ein leises Kichern zu hören. Wir gehen hinaus und machen einen Plan und kommen wieder ins Zimmer zurück. Die weiße Decke bewegt sich, dann ist sie wieder ruhig. Nur das Kichern hört einfach nicht auf.

Wir gehen im Zimmer herum, sehen in den Schrank, unter das Bett, sogar in den Spiegel. Nichts. Das Kichern wird lauter.

»Hör mal, hier ist niemand. Wir sind schon wieder zu spät dran.«

»Ja, genau wie beim letzten Mal. Du hast deinen Frühstückskakao so langsam getrunken, dass die Gutenachtgeschichte schon begonnen hat, als du endlich fertig warst.«

»Iiiich? Wer schleicht die Stiegen hinauf wie eine rheumatische Schnecke? Ich vielleicht?«

Die Decke bewegt sich und das Lachen wird lauter.

»Hey, ich höre etwas. Vielleicht ist sie doch hier.«

»Okay, gehen wir noch mal hinaus und sehen uns um!«

Wir sind wieder auf dem Gang. Von drinnen ist lautes Gelächter zu hören. Wir beraten uns und reden laut über unsere Taktik. Als wir den Raum wieder betreten, bewegt sich die Decke nicht mehr, aber das Gelächter hört nicht auf. Es füllt den ganzen Raum.

»Sie ist hier. Ich höre sie, auch wenn ich sie nicht sehe.«

»Vielleicht hat sie sich unsichtbar gemacht. Einige berühmte Leute tun das häufig.«

»Aber wie können wir sie so nach einem Autogramm fragen?«

»Kein Problem, wir reden einfach mit ihr.«

Wir begrüßen den Stuhl, stellen uns dem Vorhang vor, fragen den Wasserhahn. Fast haben wir Erfolg mit dem Infusionsständer, aber wir haben immer noch kein Autogramm bekommen. In diesem Moment verwandelt sich die Decke in ein braunäugiges Mädchen. Das Lachen hört auf, sie sieht uns ernst an.

»Ich bin hier. Ich habe euch einen Streich gespielt. Worauf soll ich euch das Autogramm geben?«, fragt sie und grinst von einem Ohr zum anderen. Ihre Augen blitzen, während sie auf unsere Hände und Arme kritzelt. Zufrieden verlassen wir das Zimmer mit unseren Autogrammen.

Draußen hat es aufgehört zu regnen. Der Himmel ist noch wolkenverhangen, aber es scheint, als ob die Pfützen ihre Meinung geändert haben. Sie trocknen langsam.

Kleine Wunder aus Litauen

Sich verlieben

Žilvinas Beniušis

Es war ein warmer Septembermorgen, einer dieser Morgen nach endlosen, faulen Sommertagen, an denen man denkt, dass es noch zu früh ist, um wieder in die Schule zu gehen, und an denen man weiter im Garten spielen will.

Auf dem Weg ins Krankenhaus erinnerte ich mich an die anderen dreiundzwanzig Morgen in meinem Leben als Clowndoctor bei ROTE NASEN. Sie hatten eine Sache gemeinsam – ich hatte mich verliebt. Auch bei meinem zweiten, dritten oder achten Besuch hatte ich mich verliebt und ja, auch heute werde ich wieder Herzklopfen bekommen.

Ich wartete an diesem Morgen darauf, mich zu verlieben, und wusste, dass es passieren könnte – sogar an diesem speziellen vierundzwanzigsten Morgen in meinem Leben mit der roten Nase. Ich konnte einfach nicht anders, wenn ich diese wunderbare Frau vor mir sah! Ich hatte das Gefühl, noch nie zuvor jemanden wie sie gesehen zu haben. Ihre Nase war groß und rot und damit konnte ich mich identifizieren, weil sie wie meine eigene Nase aussah. Keine andere Nase hatte jemals wie diese ausgesehen. Wenn ich mich verliebe, denke ich normalerweise an eine bestimmte Gesichtspartie des Objekts meiner Begierde. In diesem Fall war es diese Nase, vor allem, weil sie so rot war.

Und so entschieden sich die Frau mit der roten Nase und ich, miteinander zu spielen. Wir wollten ein Kind finden und es fragen, ob es unser Kind sein wollte. Das schien angemessen, denn wenn man sich zum vierundzwanzigsten Mal verliebt, beginnt man daran zu denken, dass die Zeit für ein eigenes Kind gekommen ist. Wir entschieden uns, uns nach einem Kind mit wehenden Haaren umzusehen.

Wir gingen auf die erste Station und fanden zwei Kinder. Keines sah aus wie unseres. Wir waren nicht zufrieden und sahen uns weiter um. Auf der nächsten Station trafen wir auf Dr. Jankauskas, aber wir suchten doch ein Kind und gingen daher weiter auf eine andere Station.

Wir gingen auf die dritte Station, konnten aber niemanden finden, obwohl ein Elefant auf einem der Betten saß und uns sagte, dass wir auf der vierten Station nachsehen sollten. Aber wir waren schlauer, denn wir wussten, dass es auf der vierten Station kein Kind gab, der Elefant konnte das gar nicht wissen.

Also gingen wir auf die fünfte Station, wo wir erwarteten, unser Kind zu sehen, das Kind mit den wehenden Haaren. Schließlich fanden wir es: Es war eingewickelt und lag in etwas, das andere Leute einen Inkubator nannten. Das war sein erster Morgen.

Und ich wusste, dass es sich an diesem ersten Morgen seines Lebens auch zum ersten Mal verlieben würde. Als wir dieses Kind sahen, begannen unsere Herzen zu singen. Es schien, als ob die Klänge unserer Musik das Kind erreichten und ihm dabei halfen, ruhig zu schlafen. Es schlief so ruhig, und ich war mir sicher, dass es verliebt war.

Auf der Suche nach dem Schwein

Marija Baranauskaitė

Wir begannen unsere Clownvisite im Kinder-spielzimmer. Eines der Mädchen sagte, dass es im Krankenhaus ein Schwein gäbe, das alle ihre Hamburger fressen würde. Wir fragten, ob sie uns ein Bild des Schweins malen könnte – vielleicht würden wir es dann irgendwo finden. Wir bekamen ein schönes Bild, ein echtes Dokument eines gefährlichen, hamburgerfressenden Schweins, das verschwunden war. Und so begannen wir unsere Suche.

Auf dem Gang trafen wir einen ernsten, ruhigen alten Arzt. Er hatte graues Haar, trug eine Brille und seine zusammengepressten Lippen spiegelten seine Gedanken wider. »Ich scherze nicht … Ich scherze nie …« Als ob er uns zum ersten Mal im Krankenhaus sah, kam er geradewegs auf uns zu und fragte: »Können Sie mir sagen, was Sie hier machen? Welche Absichten haben Sie?«

Ruhig und ernsthaft antwortete ich: »Wir sind auf der Suche nach einem Schwein, das den Hamburger einer jungen Dame verspeist hat.«

Die Augen des Arztes wurden kleiner und mit einem Anflug von Frustration in der Stimme fragte er wieder: »Was ich wissen will, ist … Was tun Sie hier?«

Einen Augenblick lang kam ich mir dumm und unsicher vor, aber mein Clown wusste genau, was er tat. »Okay, okay. Ich habe ein Dokument, wenn Sie es genau wissen wollen.« Ich zog das Bild des Schweins hervor und zeigte es ihm. »Wir sind auf der Suche nach diesem Schwein.«

Er starrte lange auf das Bild und sah verwirrt aus – als ob er sich entscheiden müsste, ob er nun wütend sein sollte oder nicht. Schließlich schüttelte er nur den Kopf und ging weiter den Gang hinunter. Wir hatten Angst, zu weit gegangen zu sein, aber er drehte sich zu uns um und sagte: »Nun muss ich mich also vor euch verstecken.« Er lächelte und grunzte wie ein Schwein. Er hatte sich entschieden, mitzumachen, und plötzlich veränderte sich die ganze Atmosphäre.

Wir führten unsere Mission fort. Wir waren im letzten Zimmer für diesen Tag und suchten immer noch nach dem Schwein. Eine Mutter saß im

Zimmer und sah besorgt aus. Ihr Sohn lag im Bett. Aber wie echte Detektive begannen wir, die beiden auszufragen und löcherten sie mit hunderten Fragen – wo könnten wir dieses mysteriöse Tier nur finden? Der Junge setzte sich auf und sagte, dass er das Schwein gegessen hätte. Wir waren schockiert. »Du hast das Schwein gegessen?«, fragten wir einstimmig. »Warum hast du das getan? Weißt du nicht, wie gefährlich das ist? Was machen wir jetzt nur mit dir? Das Schwein ist in dir drinnen! Aaahhh!«

Alle lachten laut auf, als der Arzt ins Zimmer kam und ankündigte: »Wir müssen dich jetzt operieren, mein Junge …« Einen solchen Zufall konnten wir uns gar nicht vorstellen. Aber wir spielten das Spiel weiter und sagten: »Ja! Das ist perfekt, denn jemand muss das Schwein herausholen!« Die Mutter des Jungen konnte nicht aufhören zu lachen. Der Junge hatte sie dazu gebracht. Wir saßen einen Moment mit seiner Mutter im Zimmer. Sie dankte uns, wir gaben ihr das Bild des Schweins und verließen den Raum.

Kleine Wunder aus Neuseeland

Lächelnde Augen

Jude Bishop

Ein kleines Mädchen lag in seine Decke eingewickelt im Bett, mit dem Kopf auf dem Kissen, und starrte ins Leere. Über ihr an der Wand hing eine Reihe wunderschöner Fotografien, die sie in traditioneller Kleidung und mit ihrer Familie zeigten. Es waren farbenfrohe Fotos und sie sah darauf so strahlend, fröhlich und voller Leben aus – das genaue Gegenteil der reg- und ausdruckslosen Person, die vor mir im Bett lag.

Die Krankenschwester kam herüber, stand am Fußende des Betts und sagte uns, dass die kleine Patientin sehr gut hören könne. Ich trat näher an ihr Gesicht heran und sagte ihr, dass wir gerne ein Lied für sie singen würden. Ich fragte sie, ob ich meine Hand sanft auf ihre Schulter legen dürfte, und ihre schönen dunklen Augen sahen in die meinen.

Wir sangen leise – »Wenn du lachst, lacht die ganze Welt mit dir«. Am Ende des Lieds bewegte sie ihren Kopf so, dass ihre Wange in meiner Hand lag und sie schmiegte sich an mich, während wir Blickkontakt hielten. Ich war unglaublich berührt von dieser Verbindung mit dem Mädchen. Ich glaube fest daran, dass ihre Augen lächelten!

Grimassen schneiden

Jude Bishop

Das medizinische Personal brachte gerade Elektroden am Körper eines drei oder vier Monate alten Babys an, dem diese Art des Umstylings nicht sehr zu gefallen schien. Das Baby weinte jämmerlich. Sein Großvater versuchte es zu beruhigen, indem er es sanft wiegte, während das Personal mit seiner Arbeit fortfuhr.

Mein Clownkollege Dr. Gockelhahn und ich betraten den Raum, bewaffnet mit Seifenblasen. Wir schnitten dumme Grimassen und plötzlich war ein Lied von Michael Jackson zu hören. Der mit Seifenblasen gefüllte Raum hatte das Baby schon etwas beruhigt, aber als wir Grimassen schnitten und gleichzeitig Michael Jackson zu hören war, gluckste das Baby begeistert und grinste von einem Ohr zum anderen!

Das Personal bat uns zu bleiben, bis sie ihre Arbeit abgeschlossen hatten. Das taten wir, und nach kurzer Zeit füllten nicht nur das Baby, sondern auch der Großvater und das Personal den Raum mit Lachen und Gekicher.

Stellen Sie sich vor, wie schön es sich anfühlt, wenn man eine Lösung findet, auf die niemand auch nur gehofft hatte.

Ein kleiner Erfolg

Jude Bishop

Wir hatten die Bitte erhalten, ein zwölfjähriges Kind zu besuchen, das auf der Intensivstation im Sterben lag. Eine Krankenschwester war da, und die Schwester der Patientin saß neben dem Bett und war in ein Telefongespräch vertieft. Die Augen der Patientin waren geschlossen.

Wir waren nicht sicher, ob die Patientin schlief, im Koma lag oder nur ihre Augen ausruhte. Zögernd kamen wir näher und beschlossen, ein Lied zu singen. Wir hatten kaum zwei Zeilen gesungen, als die Patientin ein Auge öffnete und brüllte: »Entschuldigung, ich versuche zu schlafen!« Die Krankenschwester lächelte uns aus einer Ecke des Raums zu. Diese Patientin war bereits wohlbekannt. Wir entschuldigten uns übermäßig und fragten, ob wir ihr ein Schlaflied singen könnten, um ihr süße Träume zu bescheren. Dagegen gab es keinen Protest, und Dr. Muntermacher und ich begannen, bewusst falsch zu singen. Wir wollten gerade leise den Raum verlassen, als sich die Augen der Patientin wieder öffneten. »Nein, geht nicht«, sagte sie. »Ich möchte, dass ihr noch bleibt.«

Die Krankenschwester schüttelte den Kopf. Noch niemand hatte bei dieser Patientin so viel Erfolg gehabt.

Kleine Wunder aus Polen

Herr Finger

Jim Williams

Der Aufruf zu handeln kam in dem Moment, als wir die pädiatrische Station betraten. Wir sahen, wie die vierjährige Maja aus ihrem Zimmer in den Behandlungsraum ging. Wir sahen, wie sie zuerst ruhig, dann nervös und schließlich erschrocken war, als ihre Mutter sie durch den Gang in den Raum schob, um das zu tun, was getan werden musste. Maja begann zu schreien und zu weinen. Wir betraten den Behandlungsraum und Maja sträubte sich gegen die Krankenschwester, die ihre Infusion einstellen musste.

Ich nahm einen Gummihandschuh und sagte: »Hallo, Maja, sieh mal, ich habe dir einen Ballon mitgebracht!« Maja hörte auf zu weinen und sah mich ungläubig an. Konnte ein erwachsener Mann wirklich so dumm sein und den Unterschied zwischen einem Gummihandschuh und einem Ballon nicht kennen? »Das ist kein Ballon!«, sagte sie. »Doch«, widersprach ich, »es ist ein Ballon! Sieh nur, ich kann ihn aufblasen!« Ich blies den Handschuh auf. Maja lächelte und meinte, dass die Finger wie Haare aussähen. Ich nahm einen Stift, malte ein Gesicht auf den Handschuh und gab ihn Maja.

Nach der Behandlung nahm Maja den Handschuh mit zurück in ihr Zimmer und wir gingen auf die Schwesternstation. Als wir in Majas Zimmer zurückkamen, lag der Handschuh auf ihrem Bett. »Das ist Pan Paluszek (Herr Finger)«, sagte sie. Ich hob ihn auf und sagte, dass es mich freue, ihn kennenzulernen, und fragte, ob er seinen Aufenthalt im Krankenhaus genieße. Pan Paluszek antwortete – dank Maja, die ihm ihre Stimme lieh – und wir führten eine anregende Unterhaltung. Er erzählte, dass er aus der Ukraine komme und gerne Ski fahre, aber er habe keine Beine. »Nun gut«, sagte ich, »das können wir ändern. Wir sind in einem Krankenhaus und wir können eine Operation durchführen.«

Majas Gesicht leuchtete auf. Es stellte sich heraus, dass Maja eine ausgezeichnete Chirurgin war, weil sie selbst erst vor Kurzem operiert worden war. Ich lief zurück in den Behandlungsraum, um die Instrumente zu holen, während meine Partnerin, Schwester Clara Diagnosa, zusammen mit Maja einen Operationsplan erstellte. Da die Clowns nicht wussten, wo sie anfangen sollten, fragten sie Maja nach Anweisungen, die sie ihnen selbstsicher gab. »Zuerst braucht er eine Injektion zum Einschlafen«, sagte sie. Wir nahmen eine leere Spritze und gaben Pan Paluszek eine Injektion, dann fragten wir Maja, ob er eingeschlafen sei. Maja sagte Ja und nun mussten wir ihn an eine Maschine anschließen, um sein Herz zu überwachen. Sie zog ihr Hemd hoch, um uns die Elektroden zu zeigen, die nach ihrer Operation noch immer auf ihrer Brust klebten. Schwester Clara schloss den Patienten an ihre Ukulele an und zupfte rhythmisch an einer Saite, um zu zeigen, dass sein Herz kräftig schlug.

Schließlich war es an der Zeit, mit der Operation zu beginnen. Ich nahm einige Zungenspatel und klebte sie als Körper, Arme und Beine an den

Handschuh, und Maja assistierte mir dabei. Nachdem die Operation abgeschlossen war, mussten wir den Patienten nur noch aufwecken. Schwester Clara schlug vor, ein Aufwachlied zu spielen, das wir alle zusammen sangen. Pan Paluszek wachte auf und freute sich so sehr über seinen neuen Körper, dass er sich skifahrend von Majas Kissen auf ihr Bett herunterschwang. Wir gratulierten Maja zur gelungenen Operation, dankten Pan Paluszek dafür, dass er unser Patient war, und verließen den Raum, während Maja weiter mit ihrem Patienten spielte.

Es war erstaunlich, Majas Gedanken und Gefühle während unseres Besuchs zu beobachten. Sobald sie ihre Angst abgelegt hatte und ihre Behandlung vorbei war, war sie für unser Spiel offen und zeigte, dass sie eine bessere Stimmimitatorin war als viele meiner Kollegen. Außerdem gab ihr unser Besuch die Möglichkeit, sich mit ihrer eigenen Operation auseinanderzusetzen. Indem sie den Clowns erklärte, wie eine Operation vor sich geht, konnte sie ihre eigenen Erfahrungen verarbeiten und damit abschließen.

Diese Geschichte ist ein gutes Beispiel dafür, was wir Clowns in Krankenhäusern tun. Wir versuchen dorthin zu kommen, wo man uns gerade am meisten braucht, und das zu machen, was in der Situation richtig erscheint. Unsere Ideen entspringen der Stimmung auf der Station, dem Personal und den Patienten, und dann versuchen wir, durch aktives Zuhören und Improvisation so realitätsnah wie möglich zu spielen.

Eine Jamsession für Ala

Jim Williams

Wir lernten Ala, ein vierjähriges Mädchen, sehr unerwartet auf der Lungenstation kennen. Ihr Vater, ein großer, kräftiger Mann, lief auf dem Gang fast in uns hinein, als er mit seiner schreienden Tochter im Arm aus dem Behandlungsraum kam. Ihr war gerade eine schmerzhafte Injektion verabreicht worden und ihre Schmerzensschreie hallten durch die Station, als wir ihr und ihrem Vater in ihr Zimmer folgten.

Dort fanden wir heraus, dass sie sich das Zimmer mit einem kleinen Jungen und dessen Eltern teilte. Ala schrie so heftig, dass alle nur dastanden und nicht wussten, was sie tun sollten. Ihr Vater versuchte, sie zu beruhigen und zu trösten, während sich die andere Familie auf den Gang zurückzog und hilflos herumstand. Meine Partnerin, Schwester Clara Diagnosa, beobachtete die Situation, nahm ein Schüttelei aus ihrer Tasche und schüttelte es sanft und rhythmisch. Wir standen etwas entfernt und interagierten nicht direkt mit Ala. Ich nahm ein Schüttelrohr heraus und gab es Alas Vater. Langsam wichen Alas Schmerzen ihrer Neugier, als ihr Vater sein Schüttelrohr im selben Rhythmus wie Clara bewegte. Es wurden keine Worte gewechselt.

Die zweite Familie steckte ihre Köpfe ins Zimmer und kam vorsichtig herein, um nachzusehen, was wir taten. Wir gaben allen Gegenstände aus dem Zimmer, mit denen man Musik machen konnte, wie zum Beispiel eine Taschentuchbox und Gummihandschuhe. Ala lag in ihrem Bett und beobachtete, was um sie herum vorging. Was wir taten, war viel unaufdringlicher als das, was sie im Behandlungsraum erlebt hatte, und als wir ihr ein eigenes Schüttelrohr anboten, war das eine Einladung und keine Forderung. Sie nahm sie an und unsere Jamsession ging weiter. Wir begannen mit einem leichten Schütteln und füllten den Raum mit einem Crescendo aus Ukulelemusik, Beatboxing und Gesang. Am Ende gingen wir von einer Person zur nächsten, bis alle den Rockstar-Applaus erhalten hatten, den sie verdienten. Und dann … verließen wir leise den Raum.

Kleine Wunder aus Palästina

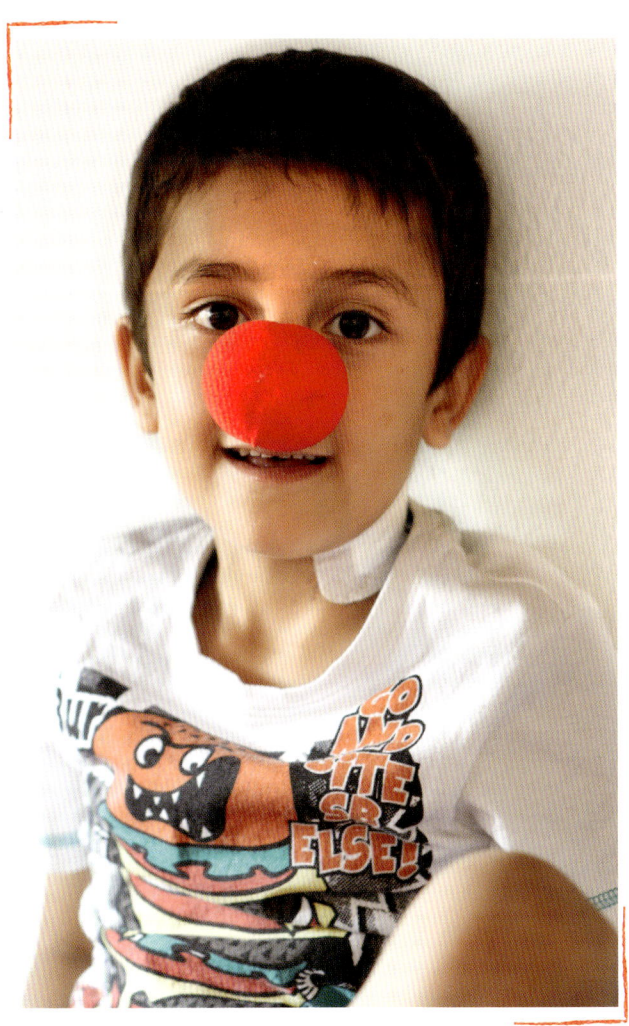

Wenn Blinde Blinde führen

Tarek Zboun

Die pädiatrische Krebsstation Huda Al Masri besuchen wir regelmäßig. Während eines unserer Besuche lernten wir Ghazal kennen, ein kleines Mädchen, das schon länger dort war. Seither haben wir sie oft besucht, aber es ist immer schwer, sie dazu zu bewegen, bei unseren Späßen mitzumachen.

Bei einer unserer ersten Begegnungen machten wir es zu unserer Mission, Ghazal zum Lachen zu bringen. Dr. Mosquito, mein Clownpartner, und ich betraten das Krankenzimmer und sprachen sie an, aber zu Beginn sah sie uns nicht einmal an. Daraufhin beschäftigten wir uns nur miteinander und taten so, als ob sie gar nicht im Raum wäre.

Schließlich wurde sie neugierig und sah uns an. Endlich hatten wir etwas gefunden, das ihre Aufmerksamkeit erregte. Dr. Mosquito nahm mir meine Brille ab und ich tat so, als könnte ich nichts sehen. Ich verlor das Gleichgewicht und musste von Dr. Mosquito geführt werden, damit ich nicht gegen Möbel und andere Gegenstände lief. Ghazal setzte sich interessiert in ihrem Bett auf, und jetzt nahm ich Dr. Mosquitos Brille ab, sodass wir beide durch den Raum stolperten, wie Blinde, die andere Blinde führen. Darüber lachte Ghazal lauthals.

Dann war sie diejenige, die uns beiden die Brillen wegnahm, und das Spiel konnte von Neuem beginnen. Am Ende weinten Ghazal und ihre Mutter vor Lachen – wir hatten unsere Mission erfüllt.

Seitdem freut sich Ghazal auf unsere Besuche und läuft uns auf dem Gang entgegen, sobald wir die Station betreten.

Das Leben als Clown kann ergreifend und gleichzeitig so schwer sein!

Tarek Zboun

Ich machte gerade mit Dr. Mosquito unsere Clown-visiten im Krankenhaus, als uns die Ärzte fragten, ob wir eine spezielle Patientin besuchen könnten, die vierjährige Dara. Wir sollten versuchen, irgendeine Reaktion aus ihr herauszubekommen. Sie hatte schon zu lange auf nichts mehr reagiert. Sie weigerte sich sogar zu essen.

Also besuchten wir das Mädchen und begannen, mit ihm zu spielen. Es nahm keine Notiz von uns. Weder davon, dass wir im Zimmer waren, noch davon, was wir taten; alle unsere Versuche, mit ihm zu interagieren, schienen umsonst. Wir versuchten es wieder und wieder, aber vergebens. Es war sehr anstrengend für uns.

Also begann ich meine gewohnte Routine und blies Seifenblasen um die Kleine herum. Sofort bewegten sich ihre Augen und begannen nach den Seifenblasen zu suchen, und schließlich folgte ihr Kopf ihren Augen. Sie sprang buchstäblich im Zimmer auf und ab und versuchte, die Seifenblasen zu fangen. Sie konnte nur schwer gehen und verlor immer wieder das Gleichgewicht.

Genau in diesem Moment kamen die Ärzte und das Pflegepersonal ins Zimmer. Wie überrascht sie waren, dass Dara mitmachte! Sie wollten wissen, wie wir das gemacht hatten. Wie hatten wir sie dazu gebracht, sich so zu bewegen? Sie erzählten uns, dass sie schon seit einer Woche versuchten, ihr irgendeine Art von Emotion zu entlocken, aber dass bis jetzt nichts funktioniert hatte.

Inzwischen rannte das Mädchen durchs Zimmer und suchte und folgte den Seifenblasen. Es aß sogar einige Stücke einer Banane, die seine Mutter schnell hergerichtet hatte. Dara nahm einen kleinen Bissen, verfolgte eine Seifenblase, kam zurück zu ihrer Mutter und schon war sie wieder unterwegs. Ihre Mutter musste weinen; sie war so ergriffen, erleichtert und glücklich.

Wir beendeten diesen großartigen Besuch und versprachen Daras Mutter, dass wir ihr eine ganze

Flasche Seifenblasen für sie allein bringen würden. Wir konnten ihr unsere nicht schenken, da wir während unseres Besuchs bei Dara alles aufgebraucht hatten.

Eine Woche später kamen wir mit einer neuen Flasche Seifenblasenwasser wieder und fragten nach Dara. Man sagte uns, dass sie vor einigen Tagen gestorben war. Das war sehr schwer für uns. Wir konnten an diesem Tag nicht weiterarbeiten und verließen das Krankenhaus. Wir waren zutiefst erschüttert und weinten. Doch wir wussten, dass ein strahlender Tag nicht mit Tränen für Vergangenes überflutet werden sollte, sondern voller Freude darüber sein sollte, dass es geschehen ist!

Auge in Auge

Faisal Abualhay

Im Krankenhaus Alia in Hebron lernten wir ein Kind kennen, das ungefähr fünf Jahre alt war. Wir betraten sein Zimmer, taten unsere Clownarbeit und gingen wieder. Nach dreißig Minuten rief seine Mutter ganz aufgeregt nach uns. Sie sagte uns, dass die Krankenschwester ihrem Sohn Blut abnehmen müsste, er aber große Angst vor Nadeln hätte und hysterisch schrie. Sie flehte uns an, mitzukommen und »irgendetwas zu tun«.

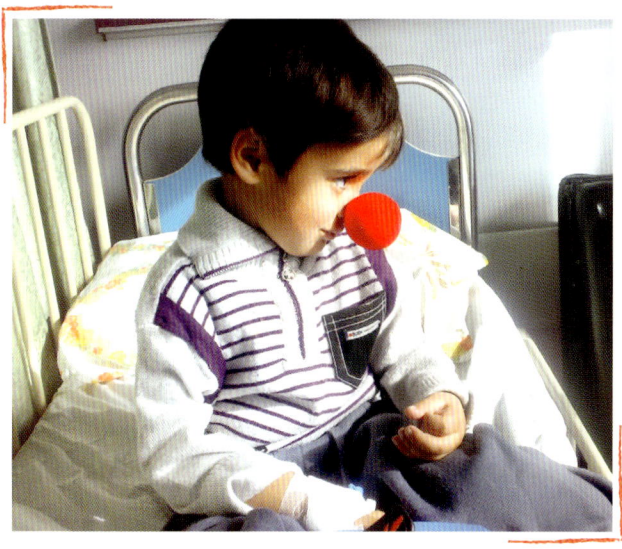

Also gingen wir zurück in sein Zimmer und sahen den verzweifelten Jungen an. Als ich ihm in die Augen schaute, bemerkte ich, wie schön sie waren, und begann, damit zu arbeiten. Meine Augen wurden größer und größer, ich wollte erkunden, wie eine solche Schönheit überhaupt existieren konnte und wie seine Augen im Vergleich zu anderen Augen aussahen. Der Junge wurde von meiner Neugier überrumpelt.

In dem Moment kam die Krankenschwester und nahm ihm schnell aus einem Finger Blut ab, ohne dass der Junge es überhaupt bemerkte. Er spürte nichts und reagierte nicht auf die Krankenschwester, weil er von meiner Reaktion so fasziniert war.

Als ich schließlich herausfand, worin das Geheimnis solcher Schönheit lag – in der bemerkenswerten Farbe und langen Wimpern – war die Blutabnahme auch schon vorbei. So verabschiedeten wir uns von einem glücklichen Jungen und einer noch glücklicheren Mutter.

Kleines Wunder aus Slowenien

Blumen für Marko

Tomaž Lapajne Dekleva

Patienten, die für Wochen und Monate im Krankenhaus sind, besuchen wir oft mehrmals und bauen eine Beziehung zu ihnen auf. Unsere wöchentlichen Clownvisiten bei Marko entwickelten sich tatsächlich in jeder Hinsicht zu einer echten Beziehung. Marko war lange Patient in der neurologischen Abteilung. Aufgrund seiner Erkrankung war er zwar behindert, aber er hatte die gleichen Träume und Wünsche wie jeder andere 16-Jährige auch.

Während unserer Clownausbildung lernen wir, mit Patienten jeden Alters zu arbeiten, und manche halten die Altersgruppe der 14- bis 17-Jährigen für die schwierigste. Dabei wurde uns beigebracht, auf die Interessen der unterschiedlichen Altersgruppen Rücksicht zu nehmen. Bei Teenagern sind beispielsweise Mode, Autos oder Ähnliches interessant. Ganz sicher aber interessieren sich alle 16-jährigen Jungen für Mädchen, und Marko war keine Ausnahme.

Meine Clownkollegin Dr. Schraubelocker bezeichnete unsere Besuche bei Marko von Anfang an als »Rendezvous«. Ich war dabei der »Anstandswauwau«. Marko verstand das sehr wohl als Spiel und hatte so viel Spaß daran, dass wir es bei jedem unserer Besuche fortsetzten. Dr. Schraubelocker flirtete besonders auffällig und ich schlug mich auf Markos Seite und entschuldigte mich für ihr unangemessenes Benehmen. Das brachte Marko zum Lachen. Bei einem unserer Besuche tauschten wir Telefonnummern aus, die für echte Telefonnummern viel zu lang gewesen wären. Bei einem anderen schob ich ihn in einem Rollstuhl auf den Flur, damit Dr. Schraubelocker mit ihm einen romantischen Spaziergang »im Park« unternehmen konnte, wobei die Pieptöne der Maschinen zu Vogelgezwitscher wurden und die Ärzte und Schwestern andere Liebespaare bei ihrem Spaziergang waren.

Bei jedem Besuch setzten wir das Spiel an der Stelle fort, an der wir beim letzten Mal aufgehört hatten. Eines Tages beschlossen wir, dass Dr. Schraubelocker Marko beim nächsten Mal einen Heiratsantrag machen sollte. Mit einem Blumenstrauß kamen wir auf die Krankenhausstation und freuten uns schon darauf, ihn zu überraschen und sein Lachen zu hören. Auf dem Weg zu seinem Zimmer wurden wir jedoch von einer Krankenschwester aufgehalten. Sie informierte uns, dass Marko in der Nacht zuvor gestorben war. Sprachlos blieben wir eine Weile auf dem Flur des Krankenhauses stehen und dachten an Marko, an sein ansteckendes Lachen und das Lächeln in seinen Augen. Schließlich gingen wir den Flur entlang bis zu seinem Zimmer, öffneten die Tür und legten still die Blumen auf sein leeres Bett.

Kleine Wunder aus der Slowakei

Sammies Arche

Mariana Kovačechová

Ist Ihnen jemals aufgefallen, dass sich Ihre Beine manchmal leicht, manchmal schwer und manchmal komisch anfühlen? Und ist Ihnen aufgefallen, dass, wenn wir zum ersten Mal über etwas sprechen, es für immer in unseren Herzen bleibt?

Jede Nacht vor dem Einschlafen ist mein Kopf voller Fragen und Gedanken, aber auch voller Dankbarkeit. Zum Beispiel bin ich dankbar dafür, dass zwei Personen in solcher Harmonie in einem Körper zusammenleben können wie in mir – Mariana und mein anderes Ich – Pip Bonkers. Das ist mein Clownname. Zwei Persönlichkeiten, ein Herz.

Pip bringt Wahrheit in mein Leben. Sie ist ein Clowndoctor und erwacht regelmäßig während meiner Besuche auf Kinderstationen in Krankenhäusern zum Leben. Vor fünf Jahren, als ich zum ersten Mal als Dr. Pip Bonkers eine pädiatrische Station besuchte, waren meine Beine schwer wie Blei. Sie wollten sich einfach nicht bewegen. Sie hatten Angst vor dem Unbekannten, etwas, das Angst bringt, etwas, über das wir nicht nachdenken wollen …

Als ich durch die Zimmer ging, traf ich Sam auf dem Gang, mit Augen so groß wie die Welt. Er blinzelte, starrte in die Ferne und tat so, als ob er mich nicht sehen würde. Ich blickte unauffällig auf den rasierten

Kopf des unglaublich sanft wirkenden Jungen. Als sich unsere Blicke wieder trafen, konnte ich in seinen Augen für eine Sekunde sein Leben sehen. Nun, zumindest die letzten Monate, die er im Krankenhaus verbracht hatte.

»Hallo, ich bin Dr. Pip Bonkers«, sagte ich und streckte Sam freundlich meine Hand entgegen.

»Er lebt in seiner eigenen Welt. Er spielt am liebsten allein«, hörte ich im Vorbeigehen von der Mutter eines anderen Kindes, das im Nachbarraum lag. Sam schien mit einem Papierboot in der Hand durch den Gang zu schwimmen, als ob er auf einer einsamen Insel wäre.

»Ich wollte schon immer die Ozeane befahren. Darf ich an Bord kommen, Kapitän?«, fragte ich schüchtern und hoffte auf eine positive Antwort.

Sam schloss seine von langen Wimpern umrahmten Augen und machte eine Geste, dass er nichts dagegen hatte. Zusammen segelten wir stumm durch die Zimmer der anderen Kinder, mit unseren Händen auf dem Boot. Einmal legten wir auf Teresas Insel an, dann auf Toms und dann auf der Insel eines anderen Kindes. Durch die Glastüren erhaschten wir einen Blick in eine andere Welt, und dann lichtete Kapitän Sam mit einer Handbewegung den Anker und wir segelten weiter.

»Kapitän! Was, wenn wir in einen Sturm kommen?«, fragte ich. Sam dachte eine Minute lang darüber nach, seine großen Augen auf mich gerichtet, und ich konnte einen Anflug von Schalk in ihnen sehen. Dann nahm er meine Hand. Ich trug das Gefühl der Freude, das mich genau in diesem Moment durchströmte, während all unserer Reisen, die wir in den nächsten zwei Jahren miteinander machen würden, in mir. Später fügten wir unseren stillen Reisen Magie hinzu,

Lachen und spielerische Neckereien. Die Dienstage, die wir gemeinsam verbrachten, gaben uns beiden etwas Wertvolles.

Unsere Abschiede waren immer traurig, sogar tränenreich, aber als Sams Zustand sich besserte und er nach Hause gehen durfte, war ich der glücklichste Mensch auf der Welt.

Doch nach einiger Zeit kam Sams Krankheit zurück. Wir trafen uns auf der Onkologiestation während einer wichtigen Untersuchung, bei der entschieden wurde, ob er für eine Knochenmarktransplantation nach Prag musste. Wir bastelten gemeinsam ein Papierboot, in dem wir die Tschechische Republik bereisen könnten. Ich nahm einen Hund, einen Papagei, einen Schwan und einen Bären mit aufs Boot – die Tiere, die Sam liebte und die wir gemeinsam aus getrockneten Würmern bastelten (so nannte er die länglichen Luftballons).

Nach einer erfolgreichen Operation kam er in die Slowakei zurück. Wir hatten einander lange nicht gesehen, als ich mich auf einen Krankenhausbesuch als Pip vorbereitete. Eine Krankenschwester hielt mich an der Tür auf und sagte: »Sam ist zurück. Es geht ihm leider nicht gut. Er ist schwach und kann kaum sprechen. Aber er hat nach Ihnen gefragt. Könnten Sie ihn besuchen?« In den Jahren, die ich auf Onkologiestationen gearbeitet hatte, hatte ich mir einen federnden Gang zugelegt, aber plötzlich fühlten sich meine Beine ganz schwer an. Ich wusste, dass die Dinge schlimm standen. Ich konnte es einfach fühlen.

Schnell dachte ich darüber nach, was Sam glücklich machen könnte. Aber mir fiel einfach nichts Schlaues, Fröhliches oder Originelles ein. Ich entschied, dass ich einfach zu ihm gehen würde, ohne eine Show zu veranstalten – so wie wir uns zum ersten Mal getroffen hatten.

Es berührte mich immer zutiefst, wie Sams sanftes Gesicht versuchte, seinen Schmerz und Kummer zu verstecken. Aber dieses Mal blitzte unter seinen Wimpern kein Schalk hervor, nur eine große Schwere. Ich ging neben ihm in die Knie, nahm seine kraftlose Hand und sagte ihm, dass ich viele getrocknete Würmer dabei hatte, die ich gerne in einen Hund, einen Papagei, einen Schwan und eine Katze verwandeln würde. Aber ich hatte nicht genügend Freunde in dieser Gegend, die sich so gut um die Tiere kümmern konnten wie er.

»Sam, du bist der beste Freund auf der ganzen Welt. Bei dir sind die Tiere in den allerbesten Händen«, sagte ich ihm und verwandelte still die Luftballons in die versprochenen Wunschfiguren. Ich setzte die Tiere um Sams Bett herum und hielt still seine Hand. Wir brauchten keine Worte, sondern sprachen mit unseren Augen. Genau wie damals vor zwei Jahren. Er berührte mich sanft mit einem Finger und schlief erschöpft ein. Sammie segelte auf unserem Papierboot davon, aber diesmal ohne mich.

Manchmal bin ich traurig und rege mich über viele banale Dinge auf, so wie jeder andere auch. Aber dann taucht mein zweites Ich – Dr. Pip Bonkers – auf und flüstert: »Sieh dich um. Du hast alles. Gesundheit, wunderbare Kinder und einen Beruf, den du liebst. Vergiss nicht, dass nur die in den Krankenhausbetten das Recht haben, auf die Welt böse zu sein, aber sie sind es nicht. Sie kämpfen.« Und jeden Tag danke ich den vielen Patienten von tiefstem Herzen für jedes unserer Treffen und dafür, dass sie mir den Weg weisen.

Oliver

Tomáš Hudcovič

Klopf, klopf! Die Tür geht auf. Dr. Ziege und Dr. Zitrone spähen hinein. Ein etwa fünfjähriger Junge sitzt zugedeckt auf dem Bett. Man kann sehen, dass er gerade geweint hat. Sein Gesicht ist rot und er atmet schnell. Seine Mutter sitzt neben ihm auf dem Bett und streichelt ihm den Kopf. Er trägt einen braunen Pyjama, in dem er richtig cool aussieht. Schniefend sieht er in unsere Richtung, als wir unsere Köpfe durch die Tür stecken. Dr. Ziege und Dr. Zitrone haben sich bereits vorher einen guten Plan zurechtgelegt, weil klar ist, dass sie hier sehr vorsichtig sein müssen.

Langsam betreten sie den Raum, wie zwei erfahrene Bombenentschärfer, und versuchen, so nahe wie möglich an Oliver heranzukommen. Dr. Ziege versucht, sich Olivers Pyjama näher anzusehen, und der Junge wehrt sich nicht. Als Dr. Ziege die Farbe des Pyjamas bewundert, berührt er Oliver plötzlich und ein pfeifendes Geräusch ist zu hören. Was ist das? Niemand versteht es – weder Dr. Ziege oder Dr. Zitrone, noch Olivers Mutter und nicht einmal Oliver selbst. Sanft berührt Dr. Zitrone Olivers Bauch und wieder ist dieses Geräusch zu hören. Er hat das Interesse des Jungen geweckt. Er selbst berührt nun seinen Bauch, aber es ist nichts zu hören. Die beiden Clowndoctors berühren ihn, und da ist schon wieder das pfeifende Geräusch. Er wirft seiner Mutter einen fragenden Blick zu. Dann sieht er uns an, dann wieder seine Mutter.

Dr. Zitrone sieht, dass Olivers Gesicht noch nass vom Weinen ist. Sanft wischt der Doktor sein Gesicht trocken. Es fühlt sich angenehm an und Oliver schmiegt sich an seine Mutter. Er beruhigt sich, die Tränen trocknen und sein Gesicht ist nicht mehr rot. Nur das Pfeifen ist immer noch zu hören. Alles pfeift. Sein Bauch, seine Ohren, seine Nase, sogar seine Achseln pfeifen. Die Clowndoctors merken, dass Oliver gut damit umgeht und sein Lachen wundervoll ist – auch wenn er nur ein bisschen gekitzelt wird.

Die zwei Clowndoctors haben noch nie zuvor ein solches Lachen von einem Kind gehört – kein Anzeichen von Panik oder albernem Geschrei, nur reines Lachen aus der Tiefe seines Herzens, wie ein Erwachsener, der herzhaft über einen guten Witz lacht. Später sind sie sich darüber einig, dass Olivers Lachen wirklich außergewöhnlich ist, fast, als ob er gar nicht gekitzelt worden wäre, sondern als ob er seine Batterien aufladen würde. Ein hochansteckendes Lachen.

Oliver ist ein verwandeltes Kind. Ein Kind, dass vor Dr. Ziege und Dr. Zitrone, den schrägen lustigen Doktoren, alle Hemmungen verloren hat. Er entspannt sich und wartet, was als Nächstes kommt. Das ist nicht üblich, aber Dr. Ziege und Dr. Zitrone verwenden ihr gesamtes Arsenal an Requisiten, nur für dieses ansteckende Lachen. Olivers fröhliche und ehrliche Einstellung lässt es so aussehen, als ob er überhaupt keine Probleme oder Beschwerden hätte.

Jede »Vorstellung«, die Dr. Ziege und Dr. Zitrone für Oliver aufführen, wird mit einem wunderbaren

Blick und einem großartigen Lächeln belohnt. Danach sieht er seine Mutter mit einer Frage in den Augen an: »Mama, hast du gesehen, was sie gemacht haben?« Seine Mutter antwortet mit einem überraschten Blick und zusammen warten sie darauf, was weiter passiert. Dr. Zitrone warnt Oliver, dass unter seiner Decke wilde Tiere herumlaufen. Eine Kuh, ein Pferd, ein afrikanischer Tiger, alle diese Tiere bilden einen kleinen Zoo um Oliver herum.

Dr. Ziege und Dr. Zitrone beginnen mit einer tierärztlichen Untersuchung und finden heraus, dass der Tiger keine Krankenakte hat. Deshalb entscheiden sie, dass es besser ist, ihn von den anderen Tieren zu trennen. Sie bringen ihn zum Waschbecken, wo er bleiben kann, bis seine Krankenakte gefunden wird. Der Tiger protestiert nicht und steht gehorsam neben dem Waschbecken. Dr. Ziege und Dr. Zitrone erklären Oliver, dass die Trennung deshalb notwendig ist, weil der Tiger vielleicht afrikanische Flöhe habe, die sich auf die anderen Tiere ausbreiten könnten. Olivers Blick zeigt, dass er diese Entscheidung vollkommen versteht.

Dann fällt den Clowns auf, dass sie schon länger als normalerweise im Zimmer sind, und machen sich langsam zum Aufbruch bereit. Die beiden sammeln ihre Requisiten ein und versuchen dabei, Olivers letztes Lächeln zu genießen. Dr. Ziege und Dr. Zitrone empfinden es als pures Glück. Sie verlassen den Raum und halten kurz inne, um über die Gefühle zu sprechen, die Olivers Reaktionen in ihnen ausgelöst haben. Beeindruckt von dieser Schönheit sind sie sich einig, dass sie schon seit langer Zeit kein Kind mehr getroffen haben, dass eine so positive Einstellung gegenüber der Welt hat. Jetzt sind sie neugierig und fragen sich, warum er überhaupt im Krankenhaus ist. Könnte er für eine Untersuchung hier sein oder nur zur Beobachtung? Eine Krankenschwester kommt vorbei. Sie fragen, was mit Oliver nicht stimmt. Sie ist sehr erstaunt über ihre Frage und antwortet: »Oliver wurden beide Beine amputiert.«

Als die beiden später auf dem Gang mit Olivers Mutter über ihre Clownarbeit in Krankenhäusern sprechen, ist sie von deren Worten so gerührt, dass sie zu weinen beginnt. Ihre Tränen fließen wie wunderschöne bunte Seifenblasen durch den Gang.

Ein Konzert für Simonka

Jarka Hatiarová

Man kann sich an viele Dinge gewöhnen, aber nie an den Anblick einer Gruppe von Menschen in weißen Kitteln, die ein großes Bett mit einem vor Schmerzen weinenden Kind schiebt.

»Ich wünsche euch einen schönen Tag, wir sehen uns später!«, rufe ich fröhlich und ziehe am Stethoskop von Dr. Bremse, als wir unter dem Applaus der Patienten den mit Lachen gefüllten Raum verlassen. Wir stehen nun auf dem Gang, wo eine ganz andere Stimmung herrscht. Ein kleines, laut weinendes Mädchen, das gerade frisch aus dem Operationssaal kommt, wird vorbeigeschoben. Eine Krankenschwester überwacht es sorgfältig und hält eine Infusion. Hinter der Krankenschwester geht die Mutter des Mädchens, eine kleine blonde Frau, ihre Augen sind rot vom Weinen. In einer Hand hält sie ein Taschentuch, in der anderen die Hand ihrer Tochter. Der Vater geht auf der anderen Seite und streichelt sanft das Gesicht seiner kleinen Prinzessin. Die Krankenschwester schiebt das knarrende Bett in Zimmer Nummer 6. Die ganze Gruppe bewegt sich schnell.

Plötzlich befinde ich mich in einer ganz anderen Welt und grüße höflich: »Hallo, wir sind das Empfangskomitee. Willkommen in Ihrem Hotel und keine Sorge, wir werden uns gut um Sie kümmern.«

»Hast du gehört, Simonka? Das sind Clowns und sie sind nur für dich gekommen«, sagt ihr Vater. Dann dreht er sich zu mir um und fügt hinzu: »Simonka ist blind und hatte gerade eine Operation wegen ihrer spinalen Skoliose.«

Ich sehe sie an. Sie ist wunderschön. Volles, dichtes Haar fällt ihr auf die Schultern, ihr Gesicht ist weich und ihre schönen grauen Augen starren – leider – ins Leere. Wir betreten den Raum. Ich sehe mich um. Viele Leute sind im Zimmer. Zwei ältere Kinder haben Besuch und alle sprechen leise miteinander. Als das Bett mit Simonka in den Raum geschoben wird, ändert sich alles. Plötzlich sind die Anwesenden steif und still, als wären sie gelähmt. Sie scheinen nicht mehr zu atmen; sie wissen offenbar nicht, wie sie auf dieses vor Schmerzen weinende Kind reagieren sollen.

Hilflosigkeit liegt in der Luft und füllt jeden Zentimeter des Raums. Die Stille wird nur von Simonkas schmerzerfülltem Weinen unterbrochen. Ich denke nach, versuche eine kühlen Kopf zu bewahren und mich nicht von der schweren Atmosphäre hinunterziehen zu lassen. Ich beginne, auf meiner Ukulele zu spielen. Und es ist wie ein Wunder: Das Mädchen beginnt sich zu beruhigen! Meine Finger kribbeln vor Aufregung. Musik! Musik kann helfen! Ich nehme all meinen Mut zusammen und sage selbstsicher: »Simonka, das ist dein Willkommenskonzert!« Ich durchbreche erneut die Stille und spiele auf meiner Ukulele. Ich gebe allen quietschende Gummispielzeuge und zeige ihnen, wie man sie zum Quietschen bringt. Alle sind da: Daffy Duck, Bobby, das Schwein, Betty, das Huhn und sogar ein getrocknetes, grünes, rasselndes Ei aus Tasmanien.

Einer der anderen Väter starrt Simonka an.

Er nimmt eine quietschende Maus von mir und sagt leise: »Ich weiß nicht, ob das eine gute Idee ist«, und zeigt auf das Mädchen. »Es ist eine gute Idee, vertrauen Sie mir«, antworte ich und bitte ihn mit den Augen um Vertrauen. Er antwortet nicht, sondern nickt nur mit dem Kopf und senkt die Augen.

»Alsooo, lasst uns anfangen! Wir werden spielen und singen, und wenn mein Kollege Dr. Pause auf euch zeigt, werdet ihr euer Spielzeug drücken und dann müsst ihr ein Solo spielen.« Von diesem Moment an spiele und singe ich nur noch, alle anderen drücken ihre Spielzeugtiere zusammen. Dr. Pause bewegt seine Hüften und dirigiert. Sogar Simonkas Eltern machen mit und spielen so gut sie können auf ihren Quietschtieren.

Als sie das fröhliche Lied wahrnimmt, hört Simonka auf zu weinen. Für einen Moment sieht man keinen Schmerz in ihrem Gesicht. Sie lächelt. Sie lächelt wirklich! Es ist kein großes Lachen, nur ein normales Lächeln, aber es verändert alles. Die letzten Noten des Konzerts verklingen, wir danken allen für dieses großartige Konzert, das Simonka gewidmet ist, und sammeln unsere Gummitiere ein. Ich bin unglaublich glücklich, weil wir es geschafft haben, sie etwas aufzumuntern, wenn vielleicht auch nur für kurze Zeit.

Die Gesichter ihrer Eltern zeigen große Erleichterung. Es scheint, als wären Stress und Sorgen verschwunden. Jetzt wissen sie, dass es nur eine Frage der Zeit ist, bis Simonka immer öfter lächeln wird.

Die unsichtbare Großmutter

Jarka Hatiarová

Es ist interessant zu sehen, wie sich Menschen verändern, wenn sie erwachsen werden. Ab einem bestimmten Alter spielen die Hormone eine große Rolle im Drama eines Teenagerlebens, und manchmal ist es schwierig, einen Draht zu ihnen zu finden. Ja, ich spreche über die Pubertät. Viele Teenager liegen im Krankenhaus, und unter ihnen gibt es auch solche, die »zu alt« für Clowns sind und glauben, dass sie uns nicht brauchen. Aber genau diese Menschen liebe ich am meisten. Nun, um genau zu sein, nicht ich, sondern mein Alter Ego Oberärztin Dr. Dee Menz.

Ich bin ein Clowndoctor und Dr. Dee Menz ist ein wichtiger Teil von mir. Seit ich angefangen habe, als Clown in Krankenhäusern zu arbeiten und meine rote Nase zu tragen, habe ich endlich das Gefühl, ich selbst zu sein und mich nicht mehr verstellen zu müssen. Ich weiß, dass ich jenen Freude gebe, die sie am meisten brauchen, ohne argwöhnische Blicke von den Menschen um mich herum zu ernten. Wer ist heutzutage schon ohne offensichtlichen Grund glücklich und voller Energie? Groß, klein, blond, braun, es ist egal. Jeder Mensch hat das Recht, zu lachen und glücklich zu sein, und jeder Mensch möchte das, auch wenn er nicht weiß wie – und hier kommen wir Clowndoctors ins Spiel.

Also aufgepasst, Teenager, ihr werdet lachen, ob ihr wollt oder nicht!

Als ich das Krankenzimmer gemeinsam mit meinem Kollegen Dr. Krokodil betrete, habe ich das Gefühl, nicht wirklich willkommen zu sein. Die 16-jährige Monica hat gerade eine Skoliose-Operation hinter sich und liegt in ihrem Bett. Sie ist die einzige Patientin im Raum, und ihre Mutter leistet ihr Gesellschaft. Die Wände sind gelb gestrichen und ein Vorhang teilt den Raum. Die Balkontür ist offen und wir können die Vögel im Park des Krankenhauses zwitschern hören. Monica liegt auf dem Rücken und es wirkt, als ob sie schon lange in derselben Position liegt. Ihr braunes Haar ist zu einem Zopf zusammengefasst und sieht zottelig aus.

Wir stellen uns vor, aber sie rollt gelangweilt mit den Augen und antwortet: »Geht weg, ich bin nicht in Stimmung für so was. Ich bin zu alt für diesen Blödsinn!« Jeder Patient hat das Recht, uns wegzuschicken, aber in diesem Fall habe ich das Gefühl, dass ihr »Nein« eigentlich »Vielleicht« bedeutet. Monicas Mutter, die traurig neben ihr steht, lächelt verlegen und zuckt mit den Schultern.

Wir haben drei Sekunden, um zu reagieren, danach ist es zu spät, um etwas zu versuchen. Das Adrenalin schickt mir eine Idee: »Wir sind nicht wegen dir hier, sondern um Großmutter zu besuchen«, sage ich selbstsicher.

Ich merke, dass Dr. Krokodil mich ansieht, aber er macht bei meinem Spiel mit. Ich gehe zum leeren Bett neben der Patientin und sehe es an, als ob wirklich jemand darin liegen würde. Dr. Krokodil geht auf die andere Seite des Betts und macht das Gleiche.

Die Stille wird von meiner Frage unterbrochen: »Nun, Großmutter, wie war die Operation? Machst du deine Übungen? Lass sie uns doch zusammen machen!«

Ich nehme die Bettdecke an einer Seite und mein Kollege macht instinktiv dasselbe. Wir heben sie hoch und es sieht tatsächlich so aus, als ob sich darunter Beine bewegen würden. Ich bemerke, dass wir Publikum haben. Mutter und Tochter sehen uns ungläubig an. Dann zeigt Dr. Krokodil auf eine technische Innovation. »Großmutter, du hast ein verstellbares Bett. Sieh nur, du drückst hier und es hebt sich von allein … genug, Großmutter … Großmutter!«

Aber es ist zu spät, Großmutters Kissen bewegt sich auf und ab und hört einfach nicht auf. Schließlich ruft der Doktor: »Sie muss sich übergeben!«

Ich gehe schnell zum Tisch, nehme eine kleine weiße Schale und halte sie vor den Kopf der unsichtbaren Großmutter. Dr. Krokodil beruhigt sie nach diesem Notfall und sagt, dass sie das Schlimmste hinter sich hat. Ich stehe immer noch geschockt hinter dem Bett und starre auf die weiße Schale. Es ist ganz still. Nur das Lachen von Mutter und Tochter ist zu hören. Mein Gesichtsausdruck ist ernst und auch die Tatsache, dass die Mutter Tränen lacht, bewegt mich nicht. Dr. Krokodil kommt langsam herüber und wir genießen beide die Stille, die nur vom Lachen unterbrochen wird.

»Wachsmalstifte!«, sage ich. Mehr ist nicht nötig. Die zwei versuchen gar nicht mehr, ihr Lachen zu verbergen. Monica lacht so viel, wie es ihr Zustand erlaubt. Sie summt und schnauft und versucht, sich so wenig wie möglich zu bewegen. Aber als sie sieht, wie ihre Mutter lacht, ist es für sie noch schwieriger, nicht zu lachen. Sie sehen einander an, als ob sie sich nicht mehr daran erinnern können, wann sie das letzte Mal so miteinander gelacht haben. Das sind diese Momente, die ich liebe, wenn das Eis gebrochen ist, sich die Herzen öffnen, wenn ein großer Teenager plötzlich wieder zu einem Kind wird und die Mutter danebensitzt, genauso wie früher. Eigentlich hat sich nichts geändert. Sie haben einander, genau wie zuvor. Der Unterschied liegt darin, dass sie es jetzt begreifen.

Es wird noch eine letzte Diagnose erstellt. Die Großmutter leidet an zwanghaftem Wachs-malstifte-Verhalten, das hauptsächlich durch das

Anbeißen und Kauen von Wachsmalstiften zum Ausdruck kommt. Außerdem ist es sehr gefährlich, eine ältere Frau auf einer Kinderstation unterzubringen, wo sie all den Stiften um sie herum widerstehen muss. Dr. Krokodil gibt ihr noch einen letzten Rat und zieht den mit kleinen Schafen bedruckten Vorhang um ihr Bett zu.

»Bitte behalte sie im Auge, damit sie nicht an Stiften kaut. Sonst wird sie wieder krank«, sage ich zu der lächelnden jungen Frau, die noch vor einer Minute auf die ganze Welt wütend war.

»Großmutter, spiel nicht mit dem Bett, es ist kein Spielzeug!«, ruft Dr. Krokodil hinter mir und steckt seinen Kopf ein letztes Mal zwischen die Vorhänge. Ich nehme ihn am Ärmel, wir sagen auf Wiedersehen und verlassen den Raum. Wir lauschen einige Zeit hinter der Tür, neugierig auf das Ergebnis. Alles, was wir hören, ist Lachen und wie die zwei Frauen darüber sprechen, was sie gerade gesehen haben. Auf unserer Seite der Tür fangen Dr. Krokodil und ich schließlich auch an zu lachen. Wir sind zufrieden. Gestärkt durch diesen Erfolg gehen wir ins nächste Zimmer. Wir haben es wieder einmal geschafft, Menschen sogar gegen ihren Willen zum Lachen zu bringen.

Über ROTE NASEN Clowndoctors

ROTE NASEN Clowndoctors
Lachen hilft – überall auf der Welt

ROTE NASEN ist davon überzeugt, dass Menschen auch in schwierigen und krisenhaften Situationen, wie zum Beispiel bei einem Krankenhausaufenthalt, ein Recht auf Lebensfreude und Lachen haben und durch die Kraft des Humors gestärkt werden müssen. Denn auch in seiner tiefsten Verzweiflung hat der Mensch ein Bedürfnis nach Freude und Glück.

Mit Lachen, Liedern, Zaubertricks oder einfach nur mit einfühlsamer Zuwendung bringen die Clowndoctors in solchen Situationen Momente der Fröhlichkeit und neue Leichtigkeit. Sie sind keine ÄrztInnen, sondern speziell ausgebildete KünstlerInnen. Sie verschreiben keine Medikamente, ihre Medizin ist der Humor. Wenn die Clowns kommen, sind Angst und Schmerzen oft schnell vergessen, und zurück bleiben funkelnde Augen und strahlende Gesichter.

ROTE NASEN Kinderprogramm
Lachen erlaubt!

Kinder, die im Krankenhaus sind, verstehen oft nicht, warum sie hier sein müssen, warum Untersuchungen oder Operationen notwendig sind. Angst, Schmerzen, Unsicherheit und Langeweile – damit haben kleine PatientInnen besonders zu kämpfen.

Sie sind traurig, weil ihnen die Umgebung fremd ist und Freunde und Familie nur zu Besuch kommen können. Und sie spüren die große Sorge der Eltern. Umso mehr freuen sich die Kleinen, wenn ROTE NASEN Clowns die Kinderstation besuchen.

Gemeinsam entstehen fröhliche Spiele, ein originelles Musikstück oder die schrägsten Zaubertricks. Bei den Clowns dürfen kranke Kinder wieder wie gesunde Kinder spielen, lachen und fröhlich sein. So können sie Sorgen und Ängste vergessen und Lebensfreude und Zuversicht im Spitalsalltag tanken.

ROTE NASEN Seniorenprogramm
Neue Vitalität und Lebensqualität

In geriatrischen Einrichtungen dreht sich bei pflegebedürftigen, älteren Menschen alles um die eingeschränkte Mobilität oder ihre Wahrnehmungs- und Kommunikationsdefizite.

Wenn ROTE NASEN Clowns zu Besuch kommen, werden die SeniorInnen mit ihrer großen Lebenserfahrung zu Experten und Beratern in allen Bereichen. Heiteres Fachsimpeln aktiviert die Lebensgeister, sie fühlen sich wertgeschätzt und gebraucht. Zu alten Liedern wird gesungen und getanzt. So werden schöne Erinnerungen aus der Jugend geweckt und die Lust am Leben kommt wie von selbst.

Durch die jahrelangen, regelmäßigen Clownbesuche entstehen oft tiefe, vertrauensvolle Beziehungen.

ROTE NASEN Rehabilitationsprogramm … und trotzdem wird gelacht!

Ein Unfall, eine Krankheit, ein Schicksalsschlag – und Reha-Patienten sind mit der Diagnose Schädel-Hirn-Trauma, Querschnittslähmung oder Amputation konfrontiert.

Um wieder in ein normales Leben zurückkehren zu können, müssen viele Bewegungsabläufe, die bisher selbstverständlich waren, in langen Therapien neu erlernt werden: schlucken, sprechen, gehen … Das ist eine große psychische Belastung, und die Versuchung aufzugeben sehr groß.

ROTE NASEN bieten daher ein Clownbetreuungsprogramm speziell für RehabilitationspatientInnen an. Die Figur des Clowns geht humorvoll mit den eigenen Schwächen um und schafft es, sie ins Gegenteil zu verkehren. ROTE NASEN Clowns zeigen den PatientInnen, wie selbstverständlich und lustig Scheitern sein kann. So schenken sie wichtige Momente der Entspannung und Zuversicht.

ROTE NASEN Clownambulanz
Humorvolle Sondereinsätze

Mit der ROTE NASEN Clownambulanz sind punktuelle Clownbesuche auch in kleineren Spitälern, sozialen Institutionen und Betreuungseinrichtungen, wie zum Beispiel in Behinderten- und Flüchtlingsheimen, Mutter-Kind-Häusern etc., möglich. Denn auch dort wird eine fröhliche Pause vom herausfordernden Alltag zu einer willkommenen Abwechslung.

Gerade in schwierigen Situationen lässt Humor vieles gelingen, was Menschen sonst verzweifeln lässt. ROTE NASEN Clowns zaubern durch ihre einfühlsame Interaktion ein Schmunzeln, ein Lachen oder ein Staunen in die Gesichter der besuchten Personen. Fröhlichkeit und Freude bringen einen Perspektivenwechsel auf die eigene Lebenssituation und helfen, damit besser umzugehen.

Circus Patientus
Vorhang auf!

Kleine LangzeitpatientInnen, wie zum Beispiel auf onkologischen Stationen, in orthopädischen Abteilungen oder auf der Kinderpsychiatrie, verwandeln sich mithilfe von zwei ROTE NASEN Clowns in gewiefte Zauberkünstler, schillernde Artisten, geschickte Einradfahrer und mächtige Gewichtheber.

Alle kranken Kinder, die wollen, können mitmachen. Das Zirkusprogramm wird auf Gipshand, Bettlägerigkeit, Krücke und Co. abgestimmt und eingeübt. Gemeinsam mit ROTE NASEN Clowns machen die PatientInnen das Krankenzimmer zur Bühne und am Ende der Projektwoche gibt es nach der Aufführung tosenden Beifall von ÄrztInnen, Pflegepersonal und Angehörigen.

Die passive Rolle des kranken Kindes im Spitalsalltag wird für eine Zeit lang aufgehoben. Die kleinen PatientInnen entdecken neue Fähigkeiten und der große Schlussapplaus stärkt ihr Selbstbewusstsein.

Karawanen-Orchester
Das gefühlvolle Musiktheater
zum Mitmachen

Das Karawanen-Orchester ist ein einfühlsames Musiktheater, das speziell auf die Bedürfnisse von mental- und mehrfach behinderten Kindern und Jugendlichen ausgerichtet ist.

Clowns besuchen dabei sonder- und heilpädagogische Einrichtungen und sind auf der Suche nach zusätzlichen MusikerInnen fur ihr Orchester. Schnell werden sie fündig: Es sind die anwesenden Kinder. Eine Schatzkiste offenbart zahlreiche Schlüssel, die zu Instrumenten werden, die Namen der Kinder werden zu ganz persönlichen Liedern und alles zusammen ergibt eine gemeinsame Melodie. Die Kinder dürfen tatkräftig mithelfen und werden so Teil der Geschichte.

Jedes Kind reagiert anders: Manche machen sofort mit, klatschen und lachen. Andere zeigen nur ganz subtile Reaktionen. Die Requisiten der Clowns sind so ausgerichtet, dass sie alle Sinne anregen und für jedes Kind etwas dabei ist. So wird das gefühlvolle Musiktheater für alle zu einem ganz besonderen, persönlichen Erlebnis.

Emergency Smile
Hoffnung in größter Not!

Mit dem Kriseninterventionsprogramm Emergency Smile bringt ROTE NASEN Clowndoctors International neue Lebensfreude zu Menschen in größter Not – und das weltweit! Denn in Kriegs- und Katastrophengebieten ist, nach der humanitären Grundversorgung, auch eine psychosoziale Unterstützung dringend notwendig, um Hoffnung zu bewahren sowie ein neues Leben und eine neue Zukunft aufzubauen.

In Zusammenarbeit mit internationalen Hilfsorganisationen führten ROTE NASEN bereits zahlreiche feinfühlige und humorvolle Einsätze durch: im Kosovokrieg (1999), bei den Erdbeben in Neuseeland (2011, 2012), in den palästinensischen Autonomiegebieten (seit 2012) oder in Akonolinga, Kamerun (2013); weiters auch bei Hochwasseropfern am Balkan (2014), bei syrischen Flüchtlingen in Jordanien (2014, 2015) sowie bei im eigenen Land vertriebenen Menschen des Ukrainekonflikts (2015).

Mithilfe der Clownfigur können die Betroffenen ihre Humorfähigkeit und das Lachen wieder entdecken. In mehrtägigen Erlebnistheater-Workshops arbeiten sie gemeinsam mit ROTE NASEN Clowns, tanken dabei Optimismus und können auf humorvolle Weise Bewältigungsstrategien für ihre Situation und ihre Zukunft entwickeln.

Bildnachweis

Fotos:
© Monika Höfler (S. 9)
© Martin Lifka (S. 11, 130)
© ROTE NASEN Clowndoctors International
    (S. 13, 48, 63, 87, 106, 112, 115, 120, 124)
© Sebastian Philipp
    (S. 15, 17, 24, 28, 34, 49, 52, 70, 74, 84, 90, 93)
© sevdavid@seznam.cz (S. 41)
© Peter Zurek, Big Original (S. 49)
© Oliver Walterscheid (S. 65)
© Tomislav Šebek (S. 73)
© Pirus Orr (S. 77)
© www.wilczkiewicz.com (S. 97)
© Gregor Zielke (S. 103)
© RED NOSES Palestine (S. 109)
© Bojan Tavčar, www.tavcarb.net (S. 111)
© Robert Staudinger (S. 133)

Ruth Brauer-Kvam
**Mit guten Gedanken
kann man fliegen!**

104 Seiten
durchgehend farbig bebildert
ISBN 978-3-85002-873-8
eISBN 978-3-902862-93-8

Glücksmomente für jeden Tag

*»Du brauchst nur einen guten Gedanken – und schon
kannst du fliegen! Habe nur einen guten Gedanken
und dein Herz wird für immer Flügel tragen!«*

Ruth Brauer-Kvam, Schauspielerin und Sängerin aus
Leidenschaft, lebt nach diesen Worten von Peter Pan.
Ihre bezaubernden Bilder und Texte sind Inspiration,
die kleinsten zu den schönsten Momenten im Leben
zu machen.

www.amalthea.at